Hablar, escuchar, debatir y argumentar

Habilidades de comunicación oral para 7-12 años

Tony Wood

NARCEA, S. A. DE EDICIONES
MADRID

*"Una ventaja, que no sabes hasta qué punto podrá serte necesaria,
pero que siempre es útil,
es la de acostumbrarte a hablar delante de otros;
en la clase comenzarás este ejercicio.
Acostúmbrate a ser reservado, pero no taimado;
prudente, pero no suspicaz;
sincero, pero sin ligereza".*

Pedro Poveda

© NARCEA, S. A. DE EDICIONES, 2017
Paseo Imperial 53-55, 28005 Madrid. España
www.narceaediciones.es

© Routledge, a member of the Taylor & Francis Group
Título original: *Speak, Listen and Learn*

Traducción: Susana Rivas Lorenzo
Cubierta: Soraya Andújar

ISBN papel: 978-84-277-2320-7
ISBN ePdf: 978-84-277-2321-4
ISBN ePub: 978-84-277-2322-1
Depósito legal: M-5254-2017

Composición: Montytexto

Impreso en España. Printed in Spain
Imprime: Lavel Industria Gráfica

Todos los derechos reservados
Queda prohibida, salvo excepción prevista en la ley, cualquier forma de reproducción, distribución, comunicación pública y transformación de esta obra sin contar con autorización de los titulares de propiedad intelectual. La infracción de los derechos mencionados puede ser constitutiva de delito contra la propiedad intelectual (arts. 270 y sgts. Código Penal). El Centro Español de Derechos Reprográficos (www.cedro.org) vela por el respeto de los citados derechos.

Índice

PRÓLOGO 7

INTRODUCCIÓN 9

NIVEL I 11

Generar autoconfianza. Aumentar la autoconfianza. ¡Te doy cinco puntos! Emociones y estilos de lenguaje. Analizamos un poema. Diversión con las palabras. Pensar rápidamente y decirlo en voz alta. Hablar sin palabras. *"Ma ma moo..."*. ¡El globo se desinfla! ¡A escena de nuevo! Mejorando nuestra escuela. Conversaciones divertidas.

NIVEL II 31

Enviando a los corresponsales de la televisión. Adivina cuál es mi trabajo. ¿Quién? ¿Qué? ¿Dónde? Cosas y tonterías. Policía bueno, policía malo. ¿Cómo habla cada personaje? La Reina viene a tomar el té. Todo sobre mí. Sin tinta. Iniciación al debate. Preparación para el debate. El debate.

NIVEL III 51

La radio escolar entrevista a un personaje importante. No podría estar más en desacuerdo. Todo depende... Mastermind junior. ¡Vótame! La máquina de las ideas. ¡Tan solo dispongo de un minuto! Preparando una conferencia de prensa. Dar una conferencia de prensa. El periódico escolar, edición rápida. Poesía dramatizada. Una competición: Leer poesía.

NIVEL IV.. 71

Si yo gobernara el mundo… ¡Bueno, genial, excelente, increíble! Lenguaje elegante. ¿Hay alguna pregunta? Cómo realizar un argumento estructurado. Enfrentarse a los argumentos. Tenis de réplicas. El Tenis de resumir y de réplica. Preparación del debate. Los primeros debates. Debates avanzados.

ANEXOS 89

Prólogo

Permítanme comenzar con una breve cita del poeta y filósofo inglés Coleridge sobre la importancia del lenguaje: "El lenguaje es el arsenal de la mente humana: contiene los trofeos de su pasado y las armas de sus futuras conquistas".

Dejando a un lado el símil bélico, estas palabras resuenan en la mente de todos los educadores. Los profesores de las primeras etapas educativas, en particular, no necesitan que se les convenza de las consecuencias que tiene en los niños una infancia pobre en lenguaje. Por esta razón son tan demandados los expertos en lenguaje y oratoria, especialmente en escuelas de integración con estudiantes con discapacidad. Y también por eso se valora especialmente a los profesores que atienden a alumnos extranjeros para que adquieran el bilingüismo.

Somos conscientes de lo mucho que los educadores intentan utilizar estrategias constructivas para desarrollar el lenguaje en sus alumnos. De las cuatro habilidades básicas: *escuchar, hablar, leer* y *escribir*, suelen ser precisamente las dos primeras (escuchar y hablar) las que se olvidan tras los primeros años de escuela[1]. Y los que sufren esta negligencia son siempre aquellos niños y niñas que viven en un entorno de un lenguaje empobrecido o con menos posibilidades de desarrollo.

---

[1] En Inglaterra nos ha preocupado siempre esta negligencia, por eso tenemos investigaciones e iniciativas como el "Lenguaje para la vida" de Bullock en los años 70, o el proyecto "Oratoria" de 1987 a 1993, de gran impacto en su momento. Los consiguientes esfuerzos fueron, sin embargo, de corta duración, ninguna de las medidas adoptadas parece perdurar en el tiempo.

Pero al fin tenemos aquí un libro práctico y accesible que puede cambiar todo esto. Basándose en una investigación meticulosa y en unos ensayos rigurosos, Tony Wood y su equipo, al amparo del patrocinio de la *English-Speaking Union*, han reunido un conjunto de materiales y sugerencias que ya han funcionado con éxito en cientos de escuelas.

El material es fácil de usar, y facilita una guía muy útil que los educadores podrán usar para elaborar un programa estructurado, con actividades imaginativas y creativas, poniendo en práctica el trabajo en grupo y por parejas. Es, por tanto, una fuente de apoyo y estímulo para el maestro.

Además, este libro proporciona una gran oportunidad de mejora de la escuela, facilitando a los profesores la posibilidad de integrar en su vida diaria el diálogo, la observación, la organización y la evaluación conjunta con otros profesores, aprendiendo unos de otros. En cada reunión de equipo puede haber un asunto donde los profesores, por turno, escojan un ejemplo y empiecen a dialogar sobre el desarrollo de las *competencias orales de los niños* para, entre todos, evaluar las diferentes estrategias para el comportamiento, las preguntas, la escucha, la persuasión, y también la amplitud en el uso de vocabulario.

Tony Wood ha logrado reunir un enfoque y un conjunto de materiales y sugerencias que incrementarán la probabilidad de que los profesores desbloqueen sus mentes y abran sus corazones a los alumnos a los que enseñan.

Lean y disfruten.

TIM BRIGHOUSE
Ex Director de Educación en Oxfordshire y Birmingham
Comisionado de las Escuelas de Londres

Introducción

Esta obra ofrece a los educadores las herramientas necesarias para la mejora de las habilidades de comunicación de los estudiantes de entre 7 y 12 años.

Proporciona un material estructurado y fácil de usar, que emplea el discurso persuasivo y de presentación, el diálogo y el debate para mejorar la autoconfianza, la autoestima, el dominio y uso del lenguaje, la motivación y los niveles de interacción entre los alumnos. Todo ello desemboca en una mejora de los resultados académicos y del nivel general de la escuela, pues se promueve la adquisición de *habilidades y competencias básicas*, que están presentes en todas las áreas del currículo y en la vida.

Se trabaja de una forma lógica para desarrollar y practicar las habilidades de comunicación mediante estrategias para el comportamiento, la formulación de preguntas, la escucha, el uso de la persuasión, el empleo de un amplio rango de vocabulario, etc. Además, los materiales empleados y la preparación para las actividades son mínimos.

Las actividades del libro se distribuyen en cuatro niveles (I, II, III, IV), secuenciados según la dificultad de cada uno, de menor a mayor dificultad.

Además, el libro cuenta con un apartado final de *Anexos* en el que se ofrecen materiales específicos y complementarios para el desarrollo de las actividades.

Cada uno de los cuatro Niveles consta de varias actividades en las que se indica, de forma simple y clara:

- Objetivos de aprendizaje
- Proceso de preparación y organización
- Guía detallada sobre cómo llevar a cabo la actividad
- Sugerencias de ampliación y seguimiento

Estas actividades harán disfrutar a los alumnos mientras aprenden, y guiarán al docente paso a paso hacia el pleno desarrollo de las *competencias comunicativas* de los alumnos.

Aunque se recomienda llevar a cabo las actividades de forma secuenciada y continuada, el profesor puede variar el orden de las actividades según sus preferencias y necesidades, así como extraer una actividad concreta para que forme parte de un proyecto global o de sesiones de mayor duración.

En muchas de las actividades se pueden integrar fácilmente temas de todas las materias curriculares, ya estudiados en clase. Se trata pues, de actividades de carácter interdisciplinar, que pueden aplicarse en todas las diversas áreas del currículo de la etapa educativa.

Aquellos docentes que decidan emplear este libro en sus clases, pronto lo considerarán una herramienta indispensable para el desarrollo de las mismas.

Gracias al enfoque de *aprendizaje activo y centrado en el alumno* que se emplea en las actividades, la motivación se incrementará al descubrir que todos tenemos algo que aportar al grupo. Las propuestas ayudan a los niños a pensar en cómo aprenden y cómo se comportan, y a emplear el lenguaje en función de la situación en que se encuentren.

Esta obra, empleada de forma imaginativa, proporcionará una plataforma para el desarrollo, no solo de los alumnos, sino también de los profesores y de la escuela, donde gracias al diálogo, los estudiantes podrán aprender unos de otros, en un enriquecimiento mutuo constante.

NIVEL I

Sesión 1: **Generar autoconfianza**
Sesión 2: **Aumentar la autoconfianza**
Sesión 3: **¡Te doy cinco puntos!**
Sesión 4: **Emociones y estilos de lenguaje**
Sesión 5: **Analizamos un poema**
Sesión 6: **Diversión con las palabras**
Sesión 7: **Pensar rápidamente y decirlo en voz alta**
Sesión 8: **Hablar sin palabras**
Sesión 9: **"Ma ma moo"**
Sesión 10: **¡El globo se desinfla!**
Sesión 11: **¡A escena de nuevo!**
Sesión 12: **Mejorando nuestra escuela**
Sesión 13: **Conversaciones divertidas**

Sesión 1: **GENERAR AUTOCONFIANZA**

Objetivos de aprendizaje

- Hablar delante de toda la clase.
- Escuchar atentamente cuando otro compañero está hablando.
- Pensar rápido y espontáneamente.

Preparación y organización

Éstas son actividades muy sencillas que ayudan a romper el hielo, dirigidas en especial a estudiantes más jóvenes. Pero también puede adaptarlas a niños mayores. Divida a la clase en tres o cuatro grupos y organícelos en forma de círculo.

Guía de las actividades

■ *Actividad 1: Vamos a contar*

Los niños tienen que contar respetando el sentido de las agujas del reloj, cada uno diciendo un número. Fije el número final, por ejemplo 50 o 100, y anímeles a contar cada vez más rápido según va aumentando el número. En la siguiente fase se hace lo mismo pero esta vez tienen que cerrar los ojos y no pueden abrirlos. Si quiere incrementar la dificultad, puede cronometrar a cada grupo, explicándoles que ganará el más rápido de todos. O también puede realizar variaciones, contando primero sólo con números pares, y después con los impares.

■ *Actividad 2: Todo el mundo sonríe al niño que…*

Disponga las sillas en círculo, colocando una silla menos que el número de participantes. El niño que no tiene silla se coloca en el centro del grupo y dice: "todo el mundo sonríe al niño que…", y añade una frase de su elección, por ejemplo, "que le gustan los bocadillos", o "que juega al fútbol". Todos los que cumplan esa condición tienen que levantarse rápidamente y buscar un nuevo asiento, dejando a una nueva persona en el centro, que tendrá que repetir el mismo proceso.

■ *Actividad 3: Presentaciones*

Cada niño se presenta al grupo, explicándoles un hecho personal que sea interesante, como su afición favorita, un sueño que ha tenido, o alguna actividad que está desarrollando. Le sigue hablando el niño que está a su izquierda, y así sucesivamente, hasta que todos hayan tenido su turno para hablar.

Seguimiento

Revise la actividad final, la 3, destacando los ejemplos que le parecieron más interesantes o más elocuentes.

Sesión 2: AUMENTAR LA AUTOCONFIANZA

Objetivos de aprendizaje

- Hablar delante de toda la clase.
- Escuchar atentamente a los demás y recordar datos o hechos simples.
- Reaccionar rápidamente a un estímulo.

Preparación y organización

Esta sesión es continuación de la anterior; tiene también el objetivo de aumentar la seguridad en uno mismo, y repite y amplía algunas de sus actividades. La organización del aula es la misma que en la Sesión 1. Para la Actividad 1 necesitará un reloj con segundero.

Guía de las actividades

■ *Actividad 1: El reto de contar en equipo*

Recuerde a los niños lo que hicieron en la ocasión anterior. De nuevo, los equipos competirán con los ojos cerrados, para ver qué equipo reacciona de forma más rápida. Hay dos diferencias, sin embargo: primero, que deben contar hacia atrás. Y, segundo, que los niños deben agarrarse de la mano y, cuando empiezan a hablar, tienen que apretar la mano del niño que tienen a su lado. Esto debería acelerar el tiempo de reacción. Establezca el número de inicio de acuerdo con las edades de los alumnos y el número de integrantes de cada grupo, permitiendo que haya tres o cuatro circuitos. Cronometre a cada grupo y escriba el resultado en la pizarra.

■ *Actividad 2: Presentaciones (continuación)*

En esta segunda sesión de presentaciones, cada alumno finge ser una celebridad o un personaje ficticio de un libro o película, y se presenta a sí mismo por ese nombre, seguido de dos frases cortas referentes a su personaje. No se permite tomar notas. Todos los personajes de cada grupo tienen que ser diferentes. Para ello, conceda cinco minutos para que se preparen y se aseguren de que no hay papeles duplicados. Cada grupo sale a la pizarra y, en círculo, empieza con sus presentaciones. Esta vez, sin embargo, cada participante tiene que repetir sus nombres (versión fácil), o los nombres más las frases (versión más difícil) de uno o de los dos niños que han hablado antes que él. No se permite tomar notas. Puede frustrar cualquier preparación previa que hayan hecho los niños, alterando el orden en que se tienen que ir presentando.

Seguimiento

Pregunte a la clase: ¿Qué grupos creéis que han sido los mejores? ¿Por qué?

Sesión 3: ¡TE DOY CINCO PUNTOS!

Objetivos de aprendizaje

- Aprender a escuchar atentamente.
- Crear de forma rápida una frase con sentido; una frase breve que se entienda.

Preparación y organización

Para las actividades 1 y 3, haga salir a la pizarra a cada grupo, y anime al resto de la clase a que levanten la mano para puntuar la historia que han oído, en una escala del uno al cinco. Gana la puntuación más alta. Para las historias con una sola palabra, permita que haya varios circuitos dentro del grupo, y termine la historia en un punto adecuado.

Guía de las actividades

■ *Actividad 1: Historia con una sola palabra*

Cada grupo tiene que inventarse una historia, diciendo solamente una palabra. Usted proporciona la primera palabra, por ejemplo "una vez", "ayer", "la última vez que", y cada niño tiene que añadir una palabra, consiguiendo que la frase siga teniendo sentido.

■ *Actividad 2: ¿Quién soy?*

Inicie este popular juego a modo de intermedio. Pida un voluntario, que tiene que fingir ser una persona famosa; el resto de la clase tiene que adivinar su nombre haciendo solamente preguntas que requieran una respuesta tipo *Sí* o *No*. Puede establecer el requisito de que antes le revelen a usted el nombre. Lleve la cuenta del número de preguntas que se van realizando, y el personaje que haya requerido un mayor número de preguntas será el que gane.

■ *Actividad 3: Historia con una sola frase*

Esta vez empiece el proceso con una frase de apertura adecuada y más amplia, como el eterno "Érase una vez", o "Hace mucho tiempo en la jungla", o "Un día en mitad del océano". Elija a un niño para que complete esa frase. El que esté a su izquierda tiene que continuar la historia añadiendo una frase entera. El último que hable deberá terminar la historia, y se le permite decir una frase extra si es necesario. Al igual que antes, la clase entera tiene que puntuar a cada grupo.

En una segunda vuelta, para añadir más diversión, puede fijar un espacio de tiempo muy corto para que cada niño comience a hablar y, si se excede del tiempo, haga sonar un timbre para avisarle, pasando su turno al siguiente.

Seguimiento

Comente con los niños por qué algunas de las historias fueron particularmente buenas. Pregúnteles cómo lo consiguieron.

Sesión 4: EMOCIONES Y ESTILOS DE LENGUAJE

Objetivos de aprendizaje

- Demostrar cómo las emociones pueden añadir un gran significado a lo que se dice.
- Examinar los distintos estilos de lenguaje que existen.

Preparación y organización

Esta actividad está diseñada para animar a la clase a pensar en sus emociones, para que puedan expresarse cuando hablan delante de una audiencia y para que comprueben cómo se puede asociar un estilo en particular con una ocupación específica. Prepare por anticipado una lista de al menos 20 emociones.

Guía de la actividad

➡ *Paso 1:* Empiece pidiendo a sus alumnos que digan en voz alta todas las emociones o los sentimientos que se les ocurran, y escríbalos en la pizarra; por ejemplo: contento, triste, interesado, aburrido, celoso, asustado, enfadado, orgulloso, nervioso. Debe haber 20 emociones como mínimo.

➡ *Paso 2:* Trabajando con toda la clase, el primer niño cuenta del 1 al 10, el siguiente del 11 al 20, y así sucesivamente hasta que cada uno haya tenido un turno, pero la peculiaridad está en que deben decir sus números de forma que expresen la emoción que usted vaya señalando en la pizarra.

➡ *Paso 3:* Ahora seleccione a niños en concreto, para que se levanten y cuenten del 1 al 10, cambiando gradualmente de una emoción a otra, que usted irá señalando; por ejemplo: de contento a enfadado, de tranquilo a nervioso, de interesado a aburrido, de nervioso a confiado, etc.

➡ *Paso 4:* Invente su propia frase corta, y dígala expresando al tiempo un sentimiento. La clase tiene que adivinar qué emoción es. A continuación pida voluntarios para inventar y decir en voz alta su propia frase, escogiendo una emoción que los demás tienen que adivinar. Puede darles un tema para su frase, por ejemplo, "Un día en la escuela", o "Mis últimas vacaciones".

➡ *Paso 5*: Escriba en la pizarra una frase que haya oído en las noticias, y comente cómo, a menudo, las personas que tienen ocupaciones distintas utilizan también un estilo diferente de lenguaje, por ejemplo, un policía, un profesor, un presentador de un programa de niños, un rapero, un cantante de pop o un político. Según se le ocurran ocupaciones, escríbalas en la pizarra, y pida a un voluntario que lea las noticias en un determinado estilo. Sea generoso con los aplausos.

➡ *Paso 6*: Por último, pida voluntarios para leer un extracto de algún libro escrito en el estilo de alguna ocupación de las mencionadas, y pida a la clase que averigüe cuál es su trabajo.

Seguimiento

Pregunte a sus alumnos qué es lo que han aprendido en esta sesión. Les ayudará, por ejemplo, en la próxima vez que tengan que leer en voz alta.

Sesión 5: **ANALIZAMOS UN POEMA**

Objetivos de aprendizaje

- Enseñar cómo el uso de la voz -entonación, fuerza, pausas, etc.- puede dar vida a un simple poema.
- Analizar el contenido de un poema sencillo y entender lo que el poeta intenta decir.

Preparación y organización

Esta actividad identifica otras características de la voz, como *el tono*, *el timbre* y *el énfasis*, para añadirlas al uso de las emociones, con la finalidad de dar un interés extra y significado a lo que se vaya a decir, en este caso un poema sencillo. Como preparación tiene que seleccionar dos o tres poemas apropiados a la edad de los niños, y que reflejen su experiencia previa con la poesía. A continuación, proponemos un ejemplo con el que poder empezar. Además, en el **Anexo 1** (págs. 90-91) se incluyen otros poemas que también pueden ser adecuados para esta sesión.

El burro y la escuela (Gloria Fuertes)

Una y una, dos;
dos y una, seis;
el pobre burrito
contaba al revés.

-

-¡No se lo sabe!
-¡Sí me lo sé!
-¡Usted nunca estudia!
¡Dígame por qué!

-

Cuando voy a casa
no puedo estudiar.
Mi amo es muy pobre,
hay que trabajar.

-

Trabajo en la mina
todo el santo día.
¡No me llame burro,
profesora mía!

Guía de la actividad

➡ *Paso 1:* Un buen poema de inicio es "El burro y la escuela" de Gloria Fuertes. Lea el poema en voz alta dándole a su voz la entonación y el énfasis necesarios para demostrar la frustración creciente de la maestra, y la angustia y pena del burrito.

➡ *Paso 2:* Anuncie que va a leer el poema de nuevo y que quiere que le escuchen atentamente, ya que va a formular algunas preguntas sobre él.

➡ *Paso 3:* Preguntas: ¿Quiénes son los personajes del poema? ¿Por qué exclama la maestra? ¿Cómo cuenta el burrito del revés? ¿Por qué no puede estudiar el burrito? ¿Dónde trabaja el burrito?

➡ *Paso 4:* Plantee preguntas sobre la situación del burrito y establezca una relación de causa-consecuencia; esto es, el burrito no se sabe la lección *porque* no estudia; no estudia *porque* tiene que trabajar; trabaja *porque* su amo es pobre.

➡ *Paso 5:* Hablen brevemente sobre la dinámica de la situación: ¿Cómo se siente la maestra? ¿El burrito no quería o no podía estudiar? ¿Cómo se siente el burrito? ¿Por qué lo sabemos?

➡ *Paso 6*: Por último, solicite tres voluntarios: uno para leer la parte del narrador (primera estrofa), otro la del profesor, y otro la del burrito. Pídales que salgan a la pizarra y lean el poema en voz alta. Anímeles a mostrar expresiones y emoción en sus lecturas. Elógielos y pida a sus compañeros que también digan su opinión. Repítalo con otros estudiantes si cree que serán capaces de hacerlo.

Seguimiento

En el **Anexo 1** (págs. 90-91) encontrará más poesías para leer con los niños, siguiendo el mismo proceso. Pida voluntarios para leer las distintas estrofas. Identifique aspectos positivos de sus presentaciones y pregunte a la clase qué es lo que han aprendido hoy.

Sesión 6: DIVERSIÓN CON LAS PALABRAS

Objetivos de aprendizaje

- Practicar la asociación de palabras y ampliar el vocabulario.
- Concentrarse y pensar rápidamente.
- Mejorar la calidad de las preguntas.

Preparación y organización

Las actividades 1 y 2 se pueden llevar a cabo con todo el grupo, o con grupos de siete u ocho niños compitiendo entre ellos, de forma que al final haya una ronda de desempate con el grupo de ganadores. Debería empezar disponiendo en círculo a los niños. Al principio puede ser el juez quien dirima lo que es admisible y lo que no, pero también puede realizar esta función un alumno, si le ve preparado para ello. Prepare una lista de palabras de inicio que sean adecuadas para ambas actividades.

Guía de las actividades

■ *Actividad 1: Categorías*

Seleccione una categoría conocida de la que los niños puedan decir un gran número de ejemplos, como animales, colores, países, ciudades, personajes de alguna película, etc. Elija a un niño para que diga una palabra de esa categoría. La persona sentada a su izquierda tiene algunos segundos para pensar y decir otra de la misma categoría. Si repiten una palabra que ya se ha dicho anteriormente, o no pueden decir una en el espacio de cinco segundos, quedan eliminados y tienen que sentarse. El último niño que permanezca de pie es el ganador. Repítalo con otras categorías diferentes.

■ *Actividad 2: Palabras conectadas*

Empiece con una palabra, por ejemplo rojo, y vaya alrededor del círculo pensando en palabras conectadas, de forma que cada nueva palabra se refiere a la anterior; por ejemplo, una secuencia podría ser: rojo, rosa, flor, jardín, parque, bancos, árboles, madera, etc. No se puede repetir ninguna palabra. Puede organizarlo de formas variadas; por ejemplo, como un ejercicio de "batidores de récords", un circuito muy acelerado donde el turno vaya pasando de forma rápida al siguiente alumno si el primero no puede responder inmediatamente, y que un voluntario lleve la cuenta del número de palabras conectadas. Puede hacer otro circuito, empezando con una palabra diferente, para ver si la clase o el grupo pueden batir el récord anterior.

■ *Actividad 3: ¿Ahora quién soy?*

Repita la actividad anterior, pero esta vez tiene que pensar en un personaje que sea conocido para los niños, y la clase tiene que adivinar quién es, preguntándole cuestiones que requieran una respuesta del tipo *Sí* o *No*. Pida voluntarios para hacer lo mismo, mientras que un alumno lleva la cuenta del número de cuestiones planteadas. En esta ocasión lo que se comprueba es la destreza de toda la clase en su conjunto, para ver si los niños pueden reducir el número de preguntas que se requieren para identificar a la persona, con lo cual consiguen preguntas más concretas y con más significado.

Seguimiento

Resalte que, cuando se están formulando preguntas a otras personas, es más productivo pensar con cuidado antes de responder.

> Sesión 7: **PENSAR RÁPIDAMENTE Y DECIRLO EN VOZ ALTA**

Objetivos de aprendizaje

- Introducir la improvisación y estimular el pensamiento rápido.
- Animar a los niños a ser conscientes de los vicios en el habla, que son molestos para los demás.

Preparación y organización

La Actividad 1 se lleva mejor a cabo si los niños se disponen en un círculo. Para la Actividad 2 necesitará un cronómetro que tenga segundero, un grupo que haga el zumbido y un monitor de zumbido para contarlos. Para la Actividad 3 necesitará formar cuatro u ocho grupos en la clase, además de un cronómetro.

Guía de las actividades

■ *Actividad 1: Si yo gobernara el mundo*

Cada alumno tiene que decir unas pocas frases de qué es lo que haría si tuviera la oportunidad de gobernar el mundo. La persona a su izquierda responde diciendo qué no haría él de lo que el niño anterior ha dicho, pero añadiendo algo nuevo. Así se continúa completando el círculo: ¿Quién tuvo la mejor idea? ¿Quién fue el más imaginativo? ¿Quién habló mejor y por qué? Use el ejercicio para destacar buenos ejemplos.

■ *Actividad 2: Zumbidos: "em" y "hum"*

Primero, recopile con la clase una lista de temas adecuados sobre los que van a hablar: mi familia, mi escuela, mi profesor, mis últimas vacaciones, pájaros, flores, fútbol, mi mejor amigo, mi ciudad, mi juego favorito, etc.

Por turnos, un niño de cada grupo tiene que hablar de un tema durante 30 segundos delante de toda la clase, y se le dan primero 10 segundos para que pueda pensar previamente en lo que va a decir. No pueden quedarse callados más que unos pocos segundos, ni decir *"hum"* o *"em"*. Si fallan en alguna de estas cuestiones se les alerta con un zumbido, que el monitor va a ir contando. Usted es el juez de la validez de los zumbidos. Gana el que tiene menos zumbidos.

■ *Actividad 3: Sólo medio minuto de cabeza a cabeza*

Desarrolle la Actividad 2 organizando una competición entre cuatro u ocho grupos. Cada grupo nombra de entre ellos a un orador y un zumbador. Se llama a los representantes de dos de los grupos para que se coloquen juntos cabeza a cabeza. Seleccione el tema que tienen que tratar, y comienza a hablar el primer orador.

De la misma forma que en la actividad anterior, si se queda callado o dice "*hum*" o "*em*", le puede zumbar el zumbador del otro grupo. Si está de acuerdo, ese equipo obtiene un punto y es su orador a quién le toca desarrollar el tema, y así sucesivamente. El grupo que hable al final consigue otro punto. Continúe con otras parejas en competición eliminatoria, enfrentando a ganadores contra ganadores.

Seguimiento

Hable de otros hábitos irritantes, que a veces les escuchamos a los oradores. ¿Por qué es una buena idea evitar estos hábitos cuando estamos hablando con otros?

Sesión 8: **HABLAR SIN PALABRAS**

Objetivo de aprendizaje

- Aprender el poder de los gestos y de la mímica.

Preparación y organización

Necesitará preparar por anticipado listas de temas.

Guía de las actividades

■ *Actividad 1: Charadas*

Esta es una actividad con la que están familiarizados la mayor parte de los niños, pero sigue siendo una buena idea hacer primero una demostración. Elija por ejemplo un libro corto conocido, o el título de una película, o el nombre de un grupo musical, o un tema que recientemente hayan estudiado en clase. Tras decirles la categoría, represéntelo con mímica para que ellos lo adivinen. Después pida voluntarios para representar con mímica otros ejemplos que usted haya preparado. Elogie el buen uso de las manos, los brazos y las expresiones faciales.

■ *Actividad 2: "Ma ma moo" (introducción)*

En esta ocasión se puede permitir que utilicen algunas palabras con su mímica: la frase sin sentido *"ma ma moo"*. Advierta a los niños que, incluso con palabras sin sentido, se pueden transmitir sentimientos y emociones a través de la voz, como una forma de verbalizar un significado, de complementar los gestos físicos de la mímica. Demuéstrelo con algunos ejemplos; por ejemplo, llorando, mostrándose feliz, o con actitud pensativa, etc. Entonces represente una escena corta para ellos, para que adivinen quién es usted y qué es lo que está haciendo, usando solamente las palabras *"ma ma moo"*, pero de diferentes maneras.

Siguiendo su demostración, asigne a un alumno una tarea adecuada para que los demás lo adivinen. Puede ser: realizar una pregunta, dar alguna dirección, pedir perdón, vender algo en una tienda, hablar sobre un partido de fútbol, dar a alguien una mala noticia, decir un chiste, ser profesor, etc.

Alábelos y felicítelos cuando realicen buenos movimientos, expresiones y otros métodos no verbales de comunicación, así como cuando muestren emociones y sentimientos con su voz. Continúe con otros niños y otras tareas, ayudando a la clase a identificar qué está sucediendo, a través de pistas y apuntes si es necesario.

Seguimiento

Esta actividad siempre es muy popular; la desarrollaremos más en la siguiente sesión. De momento, refuerce sus comentarios previos y valórelos positivamente pidiendo a la clase que encuentre buenos ejemplos, y explíqueles por qué fueron buenos.

Sesión 9: *"MA MA MOO..."*

Objetivos de aprendizaje

- Usar diferentes estilos de lenguaje.
- Continuar enfatizando el poder de la comunicación no verbal.

Preparación y organización

Para esta sesión necesita dividir la clase en grupos pequeños, preparando por anticipado tantas cartas como grupos. Cada una deberá contener una descripción de una actividad que tienen que representar los niños. Evite actividades obvias que sean muy fáciles de adivinar. A modo de ejemplo, puede ser: encontrar un perro perdido, preparar la maleta para irse de vacaciones, ser regañado por un profesor, o comprar ropa nueva.

Los escenarios basados en la escuela serán particularmente divertidos. Se requiere material para escribir.

Guía de la actividad

➡ *Paso 1*: Empiece aludiendo al ejercicio de la sesión anterior utilizando *"ma ma moo"*, recordando a la clase que un mejor uso de la voz, de las manos y del cuerpo nos puede ayudar a ser oradores más eficaces. Para practicar estas ideas, una vez más solo se permitirá el uso de las tres palabras sin sentido *"ma ma moo"*. Pero sí que es importante la forma en que se dicen.

➡ *Paso 2*: Reparta una carta a cada grupo, que no pueden ver los demás, y que contendrá la frase que tienen que representar delante de toda la clase. Para convencerles, tienen que pensar en todas las cosas que han estado comentando.

➡ *Paso 3*: Los grupos tienen cinco minutos para decidir cómo representar sus actividades, teniendo cuidado de no revelar sus ideas diciéndolas en voz alta de forma que los demás las puedan oír. Camine entre los niños para darles ayuda cuando la necesiten. En esta etapa también sería muy útil cualquier apoyo adicional de un ayudante adulto que pudiera estar presente.

➡ *Paso 4*: Cada grupo tiene un minuto para representar su actividad, y el resto de los niños otro minuto más para adivinarla y ponerla por escrito. Muévase por el aula. Si un grupo lo adivina recibe 2 puntos, y el grupo que ha presentado la idea gana 1 punto. Si no la adivina nadie, se pierden esos puntos. Al final, gana el equipo que tenga más puntos.

Seguimiento

Esta puede ser una sesión muy animada y entretenida. Si tiene tiempo al final, céntrese en las habilidades que los niños han desarrollado. Escoja un buen ejemplo para las presentaciones, y pregunte a los niños qué habilidades han usado los oradores para expresar esa actividad, escribiendo las palabras clave en la pizarra. Recuérdeselo a los niños al principio de su siguiente sesión.

Sesión 10: ¡EL GLOBO SE DESINFLA!

Objetivos de aprendizaje

- Enunciar un argumento simple.
- Responder a un argumento.
- Fomentar el trabajo en equipo.

Preparación y organización

Aunque esta actividad plantea una situación algo macabra, es una actividad muy popular con niños de cualquier edad. Tienen que imaginarse que son personas famosas que viajan en un globo aerostático que se está desinflando rápidamente. La única manera de evitar colisionar con el suelo es que salte al vacío uno de los pasajeros, para conseguir así aligerar la carga. Cada uno tiene que justificar por qué él no debería ser la persona que salte. Divida la clase en grupos de tres a cinco niños y distribuya entre ellos material para escribir.

Guía de la actividad

➡ *Paso 1:* Cada equipo debe decidir qué personaje famoso representará. Puede ser una celebridad famosa, alguien de una serie de ficción o una figura de historia; por ejemplo, James Bond, Cristóbal Colón, el presidente del Gobierno, Harry Potter, un cantante pop, un futbolista famoso, etc. Circule entre los grupos y filtre sus sugerencias. Escriba las opciones finales en la pizarra para evitar duplicidades.

➡ *Paso 2*: Explique el juego. Tienen 10 minutos para trabajar en equipo buscando buenas razones de por qué su personaje es quien debe salvarse. El equipo entero sale a la pizarra para representar su personaje, y de uno en uno explican las razones de por qué tiene que salvarse. Camine entre las mesas durante el tiempo de preparación, ayudándoles y animándoles si es necesario.

➡ *Paso 3*: Por turno, cada equipo se pondrá en pie para dar su discurso. Cuando un equipo ya ha terminado, pida a sus compañeros que les hagan preguntas, que puede responder cualquier miembro de ese equipo. Esto puede ayudar si alguno se siente algo inseguro. Anímeles con una buena ronda de aplausos.

➡ *Paso 4*: Finalmente, una vez que todos han hecho su presentación, pida a toda la clase que vote a quien crea que tiene las mejores razones para salvarse. Todos los niños pueden votar pero nadie puede votar a su propio personaje. Le corresponde al profesor anunciar de forma solemne quién es el perdedor que tendrá que realizar el salto.

Seguimiento

Analice brevemente con la clase qué razones fueron particularmente buenas. Se puede desarrollar posteriormente en clase de Ciencias el principio científico de este ejercicio, el efecto del aire caliente.

Sesión 11: ¡A ESCENA DE NUEVO!

Objetivos de aprendizaje

- Crear y representar una escena breve que incluya objetos y personajes ciertos.
- Fomentar la interacción entre los grupos y el uso de la improvisación.

Preparación y organización

Esta es una actividad para grupos de cualquier tamaño, de acuerdo a sus preferencias y al tiempo que tenga disponible. Los ejemplos que se explican a continuación se pueden usar con grupos de cuatro o cinco niños, pero se pueden ajustar si es necesario en función de las edades y del número de alumnos en la clase. Prepare por anticipado suficientes conjuntos de ítems para todos los grupos.

Guía de la actividad

➡ *Paso 1*: Divida a la clase en grupos y explique la actividad. Reparta a cada grupo una lista corta de nombres, algunos de personas y otros de objetos o de lugares. Cada grupo tiene que preparar una escena corta para representarla delante de sus compañeros, y esta escena tiene que incluir todos los artículos de la lista. La escena relatará una pequeña historia, y todos los miembros del grupo deben contribuir a ella de alguna forma.

➡ *Paso 2*: Escriba en la pizarra los conjuntos de ítems. El primero pueden ser sus propias ideas, y el resto sugerencias filtradas desde la clase. Asigne una lista a cada grupo o, si lo prefiere, establezca un proceso de sorteo o de subasta. Algunos ejemplos pueden ser:

- Una princesa, una niña huérfana, una manzana, un viaje, un castillo.
- Un hermano y una hermana, una llave, una caja dorada, un río.
- Un librero, un niño, un autobús, una caja de naranjas, la Puerta de Alcalá.
- Una mujer mayor, un policía, una bebida con burbujas, un coche, Madrid.
- Una estrella del pop, un futbolista famoso, un set de televisión, un periódico, un reloj.
- Un profesor, un piloto de aviones, un manojo de zanahorias, un bolso, un viaje en tren.

➡ *Paso 3*: Los grupos tienen unos minutos para preparar sus escenas, tras lo cual las irán representando por orden.

Seguimiento

Después de cada representación, invite a los otros grupos a comentar o criticar lo que han visto, puntuándoles del 1 al 5, siempre bajo su guía y orientación. Al final resuma los resultados y destaque lo que han aprendido.

Sesión 12: **MEJORANDO NUESTRA ESCUELA**

Objetivos de aprendizaje

- Introducir la noción de hablar *a favor de* o *en contra de* sobre una afirmación o una idea.
- Aprender a argumentar.

Preparación y organización

Preparar por anticipado algunas ideas para que la clase pueda empezar a trabajar con ellas.

Guía de la actividad

➡ *Paso 1:* Invite a la clase a pensar en variados aspectos de la escuela que podrían ser diferentes a como son ahora, y escríbalos en la pizarra. Puede que algunas sugerencias no sean prácticas o populares, pero aun así tome nota de ellas aunque sean frívolas. Los ejemplos pueden ser: aumentar la ratio por clase, construir un hall para deportes, un laboratorio de ciencias u otras aulas para especialidades, cambiar los menús del comedor, separar a chicos y chicas en distintas clases, añadir clases extra los sábados por la mañana, acortar el periodo de vacaciones, incrementar la cantidad de deberes o dejar que los niños elijan sus propios profesores. Con la clase, reduzca la lista a 5 o 6 ideas interesantes, favoreciendo las sugerencias cuando sea posible encontrar razones a favor o en contra de ellas.

➡ *Paso 2:* Divida la clase en un número par de equipos, aproximadamente seis u ocho (por ejemplo: A, B, C, D, E y F), de acuerdo al número de alumnos en la clase, y agrupe dichos equipos en parejas (A-B, C-D, E-F). Se distribuye una sola idea de la lista a cada pareja de equipos, eligiéndolo ellos mismos o usted. Un equipo de cada pareja tiene que hablar en favor de la idea y el otro en contra.

➡ *Paso 3:* Conceda un tiempo para que los equipos escriban tantas razones como sea posible, en las que estén a favor o en contra de la idea sugerida, y decida qué miembro del equipo presentará cada razón, teniendo en cuenta que todos deben presentar al menos una. Anímeles para que estén trabajadas, en lugar de ser cortas y sucintas.

➡ *Paso 4:* Por turnos, cada pareja de equipos sale a la pizarra y se sientan unos frente a otros, dejando entre ellos un espacio amplio. Explique las reglas:

- Un miembro del primer equipo se levanta, expone su idea y la primera razón de por qué su equipo la apoya. Se sienta, y otro miembro de su equipo se levanta y aporta otra razón; así igual hasta que todos hayan dado todas sus razones a favor.
- Un miembro del segundo equipo se levanta y da su primera razón de por qué no apoya la idea, haciendo lo mismo el resto de sus compañeros.
- El profesor puede hacer preguntas dirigidas a cualquiera de los equipos. Al final toda la clase tiene que decidir qué equipo ha sido el más eficaz defendiendo su postura.

Repita con parejas de otros equipos.

Seguimiento

Comente a los alumnos: ¿Por qué algunas razones fueron buenas y otras no tanto? ¿Cuál fue la mejor?

Sesión 13: **CONVERSACIONES DIVERTIDAS**

Objetivo de aprendizaje

- Poner en práctica los conocimientos adquiridos en las actividades del Nivel I.

Preparación y organización

Traer a clase los materiales preparados a lo largo del Nivel I y un breve resumen de todas las actividades, logros y comentarios expresados por los alumnos.

Guía de la actividad

➡ *Paso 1*: Divida la clase en equipos de cuatro a seis niños.
➡ *Paso 2*: De acuerdo a su número de integrantes, asigne una actividad a cada uno de ellos:

- Un discurso corto de poco más de dos minutos, sobre un tema de su propia elección. (Se pueden consultar las notas que se han tomado, pero no pueden leerlas).
- Releer un poema corto dándole sentimiento.
- Realizar un anuncio de una noticia corta, sobre un tema de interés para los niños o la escuela. (Se pueden consultar las notas que se han tomado, pero no pueden leer).
- Adivinar quién soy, una actividad interactiva de tipo *Sí* o *No*, a desarrollar con toda la clase.
- Jugar al reto de: "*¿Estás de acuerdo con mi buena idea?*". Dos niños participan, argumentan y deciden sobre una idea. Uno da razones de por qué cree que es una buena idea y el otro da razones de por qué no. Se permite que la clase participe con un pequeño número de preguntas y al final los niños tienen que decidir quién ha sido el más convincente.

➡ *Paso 3*: Una vez que cada grupo ha determinado lo que hace cada uno de sus integrantes, necesitan tiempo para decidir los temas de los que van a hablar, y preparar los materiales. Los temas pueden ser serios o divertidos, pero no absurdos; le corresponde a usted aprobar sus elecciones antes de que empiecen a prepararlo.

➡ *Paso 4*: Hay formas muy variadas para organizar las presentaciones, por ejemplo, llamando primero a los representantes de cada grupo y luego haciendo las actividades por el orden antes descrito. Si desea puede hacerlo competitivo, pidiendo un voto al final de cada grupo de presentaciones, de forma que el propio grupo no pueda votar a sus propios representantes.

Seguimiento

Comente con los niños: ¿En qué sentido hemos puesto en práctica lo aprendido estos días? ¿Podéis poner algún ejemplo de buenas prácticas?

NIVEL II

Sesión 1: **Enviando a los corresponsales de la televisión**
Sesión 2: **Adivina cuál es mi trabajo**
Sesión 3: **¿Quién? ¿Qué? ¿Dónde?**
Sesión 4: **Cosas y tonterías**
Sesión 5: **Policía bueno, policía malo**
Sesión 6: **¿Cómo habla cada personaje?**
Sesión 7: **La Reina viene a tomar el té**
Sesión 8: **Todo sobre mí**
Sesión 9: **Sin tinta**
Sesión 10: **Iniciación al debate**
Sesión 11: **Preparación para el debate**
Sesión 12: **El debate**

> *Sesión 1:* **ENVIANDO A LOS CORRESPONSALES DE LA TELEVISIÓN**

Si no se han realizado las actividades del Nivel I y los niños no han participado anteriormente en sesiones estructuradas de escuchar y hablar, es recomendable posponer esta sesión para una fecha posterior y, en su lugar, empezar con alguna de las actividades del Nivel I, en particular con la sesión sobre las emociones y los estilos de lenguaje.

Objetivos de aprendizaje

- Animar a un trabajo en equipo que genere ideas.
- Estructurar una presentación trabajando en equipo.
- Reportar un suceso interesante añadiendo emoción a la voz para darle más efecto.
- Responder preguntas espontáneas sobre un tema.

Preparación y organización

Divida a la clase en equipos de tres a cinco niños y prepare un objeto que pueda usar a modo de micrófono ficticio. Prepare por anticipado una lista de temas, que hayan aparecido recientemente en las noticias, y que puedan ser de interés para los niños. Deje un espacio libre delante de la pizarra para realizar las presentaciones.

Guía de la actividad

➡ *Paso 1:* Empiece recordando a la clase, preferiblemente con ejemplos, que el uso de emociones adecuadas en su voz puede ayudar a comunicar información de una forma más eficaz.

➡ *Paso 2:* La escuela está enviando equipos de corresponsales a todo el mundo para retransmitir sucesos importantes en la televisión por satélite. Analice con su clase qué tipo de suceso puede ser atractivo e interesante para los televidentes, y escriba en la pizarra una lista, que sea bastante larga, de posibles asignaciones a los reporteros, recogiendo las ideas que van surgiendo de entre los alumnos. Por ejemplo: una erupción volcánica, una inundación, conseguir batir un récord de velocidad, ganar la lotería, conquistar el monte Everest, ganar una competición de los juegos olímpicos, bucear en submarino por el fondo del mar hasta ver el Titanic, realizar una ascensión en globo, acompañar a un corredor en una maratón, etc.

➡ *Paso 3*: Escuche cómo deberían empezar sus reportajes y recopile algunos inicios de frases que les puedan servir como referencia: "Hola, oyentes de Madrid; soy José, retransmitiendo para el Canal 1 desde China, donde hemos visto…".

➡ *Paso 4*: Asigne una tarea a cada grupo, que a continuación tiene que nombrar a uno de ellos como el reportero jefe, que está a cargo de la presentación. Todos los niños tienen que contribuir al reportaje, por lo que tienen que decidir el qué dirá cada uno de ellos y en qué orden. Por ejemplo, si el tema es una erupción volcánica, el reportero jefe introduce el tema del reportaje con unos pocos titulares sobre la devastación causada; el segundo reportero habla sobre cómo se dieron cuenta los habitantes de que el volcán estaba en erupción; el tercero hace una descripción de la erupción en sí misma, el cuarto habla de los daños que ocasionó la lava, y el quinto explica la operación de rescate que se realizó.

Esta etapa de planificación es importante para que resulte una buena presentación, y es conveniente que usted circule entre los grupos para dar ideas y ayudarles cuando lo necesiten.

➡ *Paso 5*: Cada alumno tiene que contribuir con dos o tres frases de su invención, y el grupo entero tiene que ensayar el reportaje por completo, con el jefe de reporteros presentando a cada uno de ellos antes de hablar.

➡ *Paso 6*: Por último cada grupo sale a la pizarra para exponer su reportaje. El resto de la clase realiza el papel de una audiencia en el estudio de grabación y, como conclusión, se puede abrir un turno de preguntas, que responderá cualquier miembro del equipo que está exponiendo.

Seguimiento

– Analice con la clase qué presentaciones fueron particularmente buenas y por qué.
– Pida a los niños que vean, fijándose bien, un reportaje de noticias de la televisión y que anoten los puntos positivos que pudieron ver en la presentación. Revíselos a la semana siguiente y compruebe qué han aprendido de los expertos.
– Esta actividad se puede vincular más fácilmente con otras lecciones y materias, de acuerdo a los temas elegidos. Por ejemplo, muchos

de los grupos no habían oído hablar del país del que estuvieron hablando, por lo que la clase podría investigar y localizar un lugar adecuado para cada suceso. Cada grupo puede buscar la geografía de esa zona e informar al resto de la clase sobre sus descubrimientos, explicando cómo esta información extra habría mejorado la presentación original.

– Si es la primera vez que los niños se han encontrado con referencias al uso de satélites para trasmitir imágenes de televisión y sonido, es una buena oportunidad para investigar en Internet cómo se pudo conseguir esa transmisión.

Sesión 2: ADIVINA CUÁL ES MI TRABAJO

Objetivos de aprendizaje

- Mejorar la capacidad de transmitir un significado a través de los gestos y de la mímica.

Preparación y organización

Prepare una lista de trabajos apropiados que se puedan representar mediante gestos o mímica, de acuerdo a las propias sugerencias de los niños. Anótelos en la pizarra para preparar el proceso.

Guía de la actividad

➡ *Paso 1:* Explique a los niños que se tienen que imaginar que han ido a una entrevista de trabajo. La persona que les atiende les tiene que explicar qué tipo de trabajo es, usando solamente los gestos y la mímica. El resto de la clase intentará adivinarlo.

➡ *Paso 2:* Anime a los niños a hacer sugerencias que no estén en la lista de la pizarra, filtrando los que le parezcan inapropiados o que no podrían prestarse a ser objeto de mímica, y añada los que puedan ir surgiendo de este debate. Algunos ejemplos podrían ser: actor, secretario, médico, chef, policía, atleta, mecánico de coches, modelo de ropa de moda, científico, dependiente de tienda, artista, profesor, cartero, cantante, piloto de carreras, enfermera, granjero, camarero, futbolista, médico cirujano. Intente obtener una lista tan larga como pueda, porque hará las sesiones más divertidas y más estimulantes.

➡ *Paso 3:* Dejando la lista visible en la pizarra, invite a los niños de forma individual a escoger uno o más trabajos de la lista y representarlos ante la clase, pero no deje que nadie sepa cuáles han escogido. Llámelos uno a uno, y cada vez que la clase lo adivine táchelo de la lista, para que la mímica sea cada vez más difícil, a medida que se vayan haciendo los trabajos más populares. Sería conveniente que salieran en primer lugar aquellos alumnos a los que les cueste más actuar delante de sus compañeros, y dejar los papeles más difíciles a otros que tengan más experiencia o soltura.

Seguimiento

Si los niños tienen dificultades en adivinar un trabajo en particular, o si la actuación no es convincente, analice con los niños cómo se podría haber mejorado esa mímica, y pida un voluntario para intentarlo de nuevo. Al final, revise toda la sesión para enseñarles cómo realizando un buen uso de los gestos y de la mímica se puede ayudar a dar vida a un discurso, consiguiendo que se transmita a los demás su significado.

Sesión 3: ¿QUIÉN? ¿QUÉ? ¿DÓNDE?

Objetivos de aprendizaje

- Redactar un discurso simple a partir de una estructura básica dada.
- Hacer y responder preguntas.

Preparación y organización

Ésta es una actividad para grupos de entre tres y cinco niños, de acuerdo con lo que usted desee.

Guía de la actividad

➡ *Paso 1:* Pida a la clase que piensen en nombres de personajes famosos, o grupos de personas, y escríbalos en la pizarra bajo del título *"Quién"*, asegurándose que tenga más que suficientes para cubrir el número de grupos de la clase. Después pídales que sugieran diferentes actividades, por ejemplo jugar al fútbol, bucear, explorar, navegar, volar, conducir un coche de carreras, nadar, escalar, cantar, visitar algún lugar, volar una cometa, etc., evitando las actividades que sean demasiado frívolas. Escríbalas debajo del título *"Qué"*. Por último, realice una lista de los lugares donde se pueden desarrollar esas actividades, por ejemplo en la luna, en el aire, en el mar; o en Madrid, en la India, en América, bajo el título *"Dónde"*.

➡ *Paso 2:* Ahora tiene que repartir a cada grupo un nombre de cada una de las tres listas, por el método que usted prefiera. Por ejemplo, puede distribuir el grupo *"Quién"* a cada grupo, dejar que la clase decida el *"Qué"*, y finalmente repartir el *"Dónde"*.

➡ *Paso 3:* Déjeles un tiempo de unos 10 minutos para que cada grupo invente una historia corta usando la información que les han dado. Por ejemplo: ¿Por qué están ahí? ¿Cómo llegaron? ¿Cuál es su objetivo? Anímeles a que le den a la historia un final definido.

Circule entre los grupos para darles ayuda cuando la necesiten. Sería muy útil en esta etapa que pudieran recabar ayuda de algún adulto más.

➡ *Paso 4:* Por último cada grupo presenta su historia, bien mediante un portavoz o, mucho mejor, con una contribución activa de todos los miembros del equipo. Invite a que la clase les pregunte, y sea generoso con los aplausos.

Seguimiento

Discuta por qué algunas historias y presentaciones fueron particularmente buenas. Continúe hablando de las características comunes, si es posible.

Sesión 4: **COSAS Y TONTERÍAS**

Objetivo de aprendizaje

- Animar a un interesante y buen uso de la voz.

Preparación y organización

Divida la clase en grupos de tres a cinco niños. Por anticipado, seleccione un número suficiente de poemas cortos, uno por grupo, además de uno para usted. Deberían ser apropiados a la edad de los niños y a su experiencia con la poesía. A continuación propongo una forma de inicio, con algunas sugerencias sobre la colección de poemas publicados en el **Anexo 2** (págs. 92-95).

Guía de la actividad

➡ *Paso 1*: Anuncie que va a leer a la clase un poema divertido, y pregúnteles qué necesita hacer con su voz para que el poema suene lo más interesante posible.

➡ *Paso 2*: Lea el poema; uno adecuado para empezar sería *"Los ratones"*, de Lope de Vega. Proponga algunas cuestiones a la clase y relea el poema si es necesario. Por ejemplo: ¿Quiénes se han reunido y con qué propósito? ¿Qué sucede con el gato? ¿Cómo se describe al ratón que objeta? ¿Por qué no resulta efectiva la solución propuesta?

Los ratones (Lope De Vega)

Juntáronse los ratones
para librarse del gato;
y después de largo rato
de disputas y opiniones,

-

dijeron que acertarían
en ponerle un cascabel,
que andando el gato con él,
librarse mejor podrían.

-

Salió un ratón barbicano,
colilargo, hociquirromo,

y encrespando el grueso lomo,
dijo al senado romano,

-

después de hablar culto un rato:
¿Quién de todos ha de ser
el que se atreva a poner
ese cascabel al gato?

➡ *Paso 3*: Reparta un poema a cada uno de los grupos. Puede seleccionarlos de los que figuran en el **Anexo 2** (págs. 92-95), dando los más largos a los grupos más numerosos. Facilíteles tiempo suficiente para que lo ensayen. Cada alumno debe contribuir leyendo un verso o unas pocas líneas. También puede haber algunas estrofas que puedan ser adecuadas para que las lean todos juntos. Tal vez tenga que ayudarles a la hora de repartir la tarea.

➡ *Paso 4*: Llame a cada grupo para que salga a recitar el poema. Invite a la clase a que haga sugerencias de cómo podrían haberlo mejorado, y que lo reciten de nuevo. Repita igual con los otros grupos. Si tiene tiempo suficiente, puede pedir a la clase que haga preguntas sobre cada poema.

Seguimiento

Discuta con la clase cuáles fueron las presentaciones especialmente buenas y por qué, y qué es lo que han aprendido de esta actividad.

Sesión 5: **POLICÍA BUENO, POLICÍA MALO**

Esta sesión repite y ahonda en alguna de las actividades del Nivel I sobre el uso eficaz del lenguaje y del vocabulario.

Objetivo de aprendizaje

- Usar el lenguaje de una forma eficaz.

Preparación y organización

Prepare por anticipado las frases requeridas.

Guía de la actividad

➡ *Paso 1*: Prepare una lista de frases neutrales simples descriptivas, como:

- "Madrid es la ciudad más grande de España"
- "Vivimos en una península"
- "En una biblioteca hay muchos libros"
- "Hay muchas tiendas en nuestra ciudad"
- "Los pájaros pueden volar"
- "En la pastelería se compran pasteles"

Escoja una de estas frases y divida la clase en dos. Trabajando por parejas o en pequeños grupos, una mitad (*el policía bueno*) debe intentar que la frase neutral suene bien, mientras que la otra mitad (*el policía malo*) debe lograr que la frase suene mal. Por ejemplo, "Madrid es la ciudad más grande de España", podría llegar a ser: "Madrid es una ciudad rica e interesante con un montón de lugares atractivos para los turistas" (*bueno*), o "las calles de Madrid están sucias y demasiado llenas de gente" (*malo*).

➡ *Paso 2:* Seleccione tres o cuatro niños de cada uno de los grupos para que salgan a la pizarra. Pida a los policías buenos que representen su intervención y a los policías malos que representen también la suya. Después discuta brevemente con la clase qué les gustó de la forma en la que hablaron los oradores y por qué fueron particularmente efectivos.

➡ *Paso 3:* Repita los pasos uno y dos con otras frases neutras, cambiando cada vez la mitad de los niños que tienen que ser los buenos y los malos policías.

Seguimiento

Revise la actividad, escribiendo en la pizarra los buenos usos del vocabulario e introduciendo sinónimos adecuados cuando sean apropiados.

Nivel II

Sesión 6: ¿CÓMO HABLA CADA PERSONAJE?

Esta sesión es continuación de las sesiones anteriores sobre el uso eficaz del lenguaje y del vocabulario.

Objetivo de aprendizaje

- Usar el lenguaje de una forma eficaz (continuación).

Preparación y organización

Necesitará preparar por anticipado:

– Una lista de ocupaciones variadas para incorporarlas según sea necesario.
– Un gran número de noticias cortas preparadas en forma de pasquines, que contengan sólo unas cuantas frases.
– Prepare tantas ideas como pueda de temas que estén de actualidad, y de sucesos o actividades en que los niños hayan participado, como excursiones del colegio, días de deporte, ceremonia de entrega de premios, visita de personajes conocidos, etc.

Guía de la actividad

➡ *Paso 1:* Escriba en la pizarra una lista de ocupaciones, usando las sugerencias de los niños tanto como sea posible, por ejemplo, un policía, un vaquero, un científico, un político, un cantante de música pop, un presentador de televisión, un pinchadiscos, un profesor, etc. Divida la clase en grupos pequeños, y reparta a cada uno un personaje y una noticia corta.

➡ *Paso 2:* Los niños de cada grupo, en turnos, ensayan la lectura de las historias intentando copiar el estilo del personaje que tienen asignado. Circule entre los niños, pidiendo voluntarios de cada grupo para ponerse en pie y leer su historia, invitando a que después la clase comente las presentaciones.

➡ *Paso 3:* Usando las mismas noticias, ahora tienen que modificar algunas palabras y frases para incluir la clase de estilo y de expresiones que crean que serían las más probables que utilizara su personaje. Un miembro diferente de cada grupo tiene que presentar las noticias al resto de la clase, igual que se ha hecho antes.

Seguimiento

Revise la sesión, anotando una vez más en la pizarra los usos correctos del vocabulario, introduciendo sinónimos adecuados donde sean apropiados.

Sesión 7: **LA REINA VIENE A TOMAR EL TÉ**

Objetivos de aprendizaje

- Crear y representar una historia corta, usando gestos, expresiones y palabras.
- Plantear preguntas y responderlas.

Preparación y organización

Hay formas muy variadas en las que puede organizar esta actividad. La forma que explico aquí se establece sobre la base de que la clase se divida en un número par de grupos de tres a cinco niños.

Guía de la actividad

➡ *Paso 1:* Empiece recordando que el uso de gestos y expresiones al hablar puede añadir un gran significado e interés a lo que se dice. Esto es lo que se habló en el Nivel I.

➡ *Paso 2:* Empareje los grupos. Anote en la pizarra unas cuantas escenas inventadas que tendrán que representar las parejas. Todas se centrarán en las actividades que realiza "la familia". Para empezar, llame a una pareja, que representará una escena corta donde la reina acude a tomar el té a casa de la familia.

Un grupo será el entorno de la reina (reina, princesa, príncipe, etc.), y el segundo serán los anfitriones (padre, madre, hijo, hija, etc.). Cada niño representará un papel específico.

Puede distribuir el mismo tema a una segunda pareja, pero variando el escenario: por ejemplo, la familia visita a la Reina en el palacio de Buckingham. Ahora invite a la clase a que hagan sugerencias para otras excursiones familiares que se puedan representar, ayudando a los niños para que sus ideas sean realistas y se puedan llevar a cabo. Un ejemplo puede ser:

- "La familia visita al presidente de Gobierno".
- "La familia se encuentra con Harry Potter y los personajes de una de las películas".
- "La familia visita el estudio de televisión de uno de sus programas favoritos".
- Y quizá, si asume el riesgo: "La familia viene a la escuela a conocer a los profesores".

Complete su lista de la pizarra para que el número de ideas sea al menos igual al número de grupos de la clase.

➡ *Paso 3*: Describa lo que va a pasar a continuación. Cuando haya asignado cada tema a una pareja, los niños deben decidir qué grupo será la familia y cuál la otra parte, así como quién va a estar en cada grupo. Usando su imaginación, ambos grupos deben preparar de forma separada unas notas breves para la visita, asegurándose de que todos los personajes tengan algo que decir. Para empezar, usted debe decidir qué tipo de fórmulas pueden usar para empezar y presentarse, y cómo el séquito de la reina, por ejemplo, estará muy interesado en escuchar las actividades de la familia, y al revés, también la familia estará interesada en las actividades del séquito.

Las preguntas y respuestas son una parte muy importante de la visita. Para dar más vida a la escena, se pueden fabricar los elementos del atrezzo que sean necesarios, como una corona de papel para la reina, tazas de té, etc. A continuación distribuya los temas a las parejas con el método que prefiera, y circule entre las mesas para asegurarse de que cada grupo empieza de una forma productiva.

➡ *Paso 4*: Llame a cada grupo para que salga a la pizarra a realizar su escena. Cuando hayan terminado, invite al resto de la clase para que sugiera qué es lo que les pareció lo mejor de su actuación, y cómo podrían haberla mejorado. Anime a los siguientes grupos a aprender de lo que está sucediendo, y adaptar apropiadamente sus actuaciones.

Seguimiento

Esta sesión es fácil de vincular con temas curriculares, especialmente si las escenas se han elegido teniendo esto en mente.

Sesión 8: **TODO SOBRE MÍ**

Objetivos de aprendizaje

- Crear y realizar un discurso corto estructurado, ayudándose de unas pocas notas.
- Aprender a resumir un discurso o un debate.

Preparación y organización

Distribuya la clase en grupos de tres personas.

Guía de la actividad

➡ *Paso 1*: Explique que cada alumno deberá dar un discurso corto sobre él mismo, pero para ayudarles en su exposición les va a facilitar algunos titulares que puedan seguir. Escriba lo siguiente en la pizarra, uno debajo de otro:

– Mi nombre
– Mi familia
– Dónde vivo
– Mis aficiones
– Mis mejores vacaciones
– Mis amigos
– Mi deporte favorito

La lista se puede adecuar a las circunstancias locales. Haga hincapié en que no deben escribir cada palabra pero sí palabras clave o frases que les recuerden qué es lo que quieren decir.

➡ *Paso 2*: En un minuto los niños preparan individualmente sus discursos. Bríndeles ayuda y ánimo.

➡ *Paso 3*: Después de un periodo adecuado avance a la siguiente etapa, en la que los grupos trabajen de forma independiente. En cada uno de ellos, el primer niño realiza su discurso y el resto le hacen preguntas al orador, que tendrá que responder. El ejercicio se repite con los demás miembros del grupo de la misma forma dando su discurso, y respondiendo preguntas.

➡ *Paso 4*: Cada grupo debe escoger a uno de sus integrantes para que realice su discurso como representante del grupo. Los otros deberán ayudar al niño designado a realizar cambios al discurso que crean que lo puedan mejorar.

➡ *Paso 5*: Se llama a los representantes para que den sus discursos, después de lo cual el resto de la clase puede hacer preguntas. Como siempre, sea generoso con los aplausos.

➡ *Paso 6*: Comenten y decidan cuál de los discursos fue particularmente bueno, y por qué, y seleccione a alguno de los niños para que vuelva a hacer su discurso.

Esta vez, sin embargo, todos deben escuchar atentamente porque al final usted va a pedirle a alguno que resuma ese discurso. Si este concepto es nuevo para la clase, debería explicarles el significado. De hecho, pida a dos o tres que intenten resumirlo, y repita el proceso con otro orador si es necesario.

Seguimiento

La capacidad para resumir puede ser un recurso muy útil en muchas áreas de la vida, y puede ser desarrollada más en profundidad en una amplia variedad de actividades de la clase.

Sesión 9: SIN TINTA

Objetivos de aprendizaje

- Crear notas breves para utilizar en un discurso.
- Resumir un discurso largo de forma eficaz.

Preparación y organización

Elija con cuidado el tema para el paso 2, si es posible refiriéndose a asignaturas y temas del programa curricular o de interés en la clase.

Guía de la actividad

➡ *Paso 1*: Divida la clase en un número par de grupos de tres o más niños. Cada grupo tendrá asignado un tema en el que todos los integrantes tienen que preparar un discurso corto. Al tiempo, tienen que imaginarse que su pluma se está quedando sin tinta, y por ello sólo pueden escribir un máximo de 10 palabras para ayudarse con el discurso. Deberían escoger palabras clave para recordar lo que tienen que decir.

➡ *Paso 2*: Decida el tema sobre el que van a hablar, por ejemplo "mi mayor deseo", y escriba cuatro temas en la pizarra para ocho grupos tales como:

– "Lo que quiero ser cuando sea mayor".
– "Un lugar en el mundo que me encantaría visitar".
– "Cuáles serían mis vacaciones favoritas".
– "Un personaje famoso que me encantaría conocer".

Reparte el mismo tema a dos de los grupos, y explíqueles que cada discurso debería abordar la cuestión de por qué han elegido esas respuestas en particular.

➡ *Paso 3*: Cuando corresponda, seleccione a dos niños de cada uno de los grupos para que salgan delante de toda la clase y presenten sus discursos usando sus notas. Elógieles y destaque ejemplos de lo que han hecho bien, de forma particular cuando el discurso esté amenizado con el uso de expresiones, el movimiento de manos, ojos, etc.

➡ *Paso 4*: En este punto, recuerde a la clase qué es lo que se entiende por resumir. Si es necesario, lea un pasaje corto de un libro conocido y pida voluntarios para que lo resuman, en no más de 10 segundos.

➡ *Paso 5*: Invite a los niños restantes para que salgan y, colocados uno frente a otro, realicen los discursos que tienen preparados. Al final, escoja al azar a otro niño para que resuma brevemente lo que han escuchado.

Seguimiento

Desarrollar los niveles de resumen que van adquiriendo los niños en otras lecciones o temas posteriores.

Sesión 10: **INICIACIÓN AL DEBATE**

Objetivos de aprendizaje

- Entender la importancia de ser capaz de hablar en público.
- Empezar la preparación para el debate.

Preparación y organización

Divida la clase en un número par de equipos, integrados por tres niños. Si es necesario y queda algún niño suelto, se puede unir a un grupo ya creado. Distribuya nombres para identificar los equipos, por ejemplo usando tipos de animales, de países, de colores, etc.

Guía de la actividad

➡ *Paso 1:* Explique qué se entiende por hablar en público, lo que implica hablar delante de personas que no conocemos, respondiendo sus preguntas y realizando nosotros también algunas preguntas. Ejemplos: intervenir en asambleas escolares, realizar presentaciones a la clase, encontrarse y entretener a un visitante de la escuela o en casa, ser objeto de una entrevista, etc. ¿Por qué es diferente a hablar con un amigo? y ¿por qué es importante ser capaz de hablar en público?

➡ *Paso 2:* Escriba en la pizarra una lista de posibles temas de discurso, usando, después de filtrarlos, tantas propuestas de los niños como pueda (ver **Anexo 3,** págs. 96-97, para trabajar con un listado más amplio). Asigne un tema a cada equipo.

➡ *Paso 3:* Explíqueles que para sus presentaciones un miembro de cada equipo será el **Orador**, otro el **Presidente** que estará a cargo de todo, y el tercero el **Interrogador** de otro equipo. Dentro de cada equipo se decide quién va a desempeñar cada papel. Si hay un cuarto miembro, debería compartir el papel del orador o del interrogador.

➡ *Paso 4:* Trabajan en grupo para preparar el discurso, inventándose cuatro o cinco puntos importantes sobre los que hablar. Cuando estén de acuerdo sobre la duración del discurso, deberán ayudar al orador a escribir un breve resumen de cada uno de los puntos, que les ayude a recordar lo que tienen que decir. Esto se puede hacer en un folio limpio de papel, donde conste el nombre del grupo.

➡ *Paso 5*: Finalmente el equipo tiene que hacer un mini ensayo. El orador debe exponer su discurso, en un tiempo máximo de un minuto, y para que el interrogador practique, puede inventarse algunas preguntas que el orador ha de responder. Finalmente el presidente debe intentar resumir el discurso. El equipo discutirá luego si hay algo que pueda mejorar de su discurso la próxima vez que lo hagan.

➡ *Paso 6*: Recoja los folios que contengan los resúmenes de los discursos, le harán falta en la siguiente sesión.

Sesión 11: PREPARACIÓN PARA EL DEBATE

Objetivos de aprendizaje

- Completar las preparación para el debate y entender los roles de cada uno de los participantes.
- Introducir y preparar esquemas de escritura.

Preparación y organización

Se mantienen los mismos grupos de la actividad anterior. Prepare las fichas del **Anexo 6** (págs. 100-101) para entregar una de cada tipo a cada grupo.

Guía de la actividad

➡ *Paso 1*: Revise las actividades de la sesión anterior y recopile las notas que guardó de los discursos. Destaque la importancia de que los oradores no lean sus discursos, si bien pueden consultar sus notas para acordarse de lo que tienen que decir. Distribuya a cada grupo una copia de la ficha-guía del **Orador** (**Anexo 6**, pág. 101), en blanco, para la competición de debate, y revise sus apartados.

➡ *Paso 2*: Los compañeros de equipo ayudan al **Orador** a completar las entradas, siguiendo el ensayo que hicieron el día previo, donde el **Interrogador** realiza algunas preguntas y el **Presidente** expone su resumen final.

➡ *Paso 3*: Comente con la clase el papel del **Presidente**, ayudándose del **Anexo 5** (pág. 99). Distribuya a cada grupo una copia en blanco de la ficha-guía del **Presidente** (**Anexo 6**, pág. 100). Revise los apartados, y pida a cada equipo que ayude a su presidente a completarla.

➡ *Paso 4*: Es el momento de que empareje los equipos y que anote en la pizarra las parejas y sus temas. Escoja con cuidado las parejas, seleccionando equipos con temas contrastados cuando se pueda. Explique en qué consiste el papel del **Interrogador** y cómo tiene que hacer preguntas al otro equipo sobre su tema. Distribuya una copia en blanco de la ficha-guía del **Interrogador** (**Anexo 6**, pág. 101) a cada uno de los equipos y revise los apartados de la misma forma que ha hecho anteriormente con los otros roles.

➡ *Paso 5*: Cada equipo ayuda al **Interrogador** a inventarse algunas preguntas idóneas para preguntar al equipo con el que están emparejados, y también le ayuda a escribirlas en la hoja. Esto completará la preparación de los equipos para el debate descrito en la siguiente sesión.

➡ *Paso 6*: Recoja todas las copias de las fichas-guía para la siguiente sesión.

Sesión 12: **EL DEBATE**

Objetivos de aprendizaje

- Dar un discurso y responder preguntas frente a una audiencia.
- Presentar a un orador y resumir un debate.
- Escuchar un discurso y realizar preguntas apropiadas sobre él.

Preparación y organización

Consulte el **Anexo 4** (pág. 98) para ver el formato de la competición y la forma de valorarlo. Se prepara el aula para que haya una audiencia de dos o tres equipos, que se sienten delante de las mesas. Para añadir significado a la ocasión, las presentaciones deben tener lugar en el hall de la escuela delante de alumnos de otras clases, si es posible. Distribuya a los niños una copia del **Anexo 6** (págs. 100-101), según sus roles, para facilitarles la tarea en su primer contacto con el debate.

Guía de la actividad

➡ *Paso 1:* Resuma brevemente a la clase el formato de la competición, y devuélvales las copias de las fichas escritas que recopiló al final de la última sesión. Deles un tiempo para que se familiaricen con sus presentaciones.

➡ *Paso 2:* Llame a los primeros equipos para tomar asiento frente a los demás compañeros. El **Presidente** del primer equipo presentará a su propio equipo y el tema que va a tratar, y después pedirá al **Orador** que realice su discurso. Al finalizar, se invita al otro equipo a que realice preguntas, y después el presidente debe preguntar si la clase tiene alguna otra pregunta.

El **Orador** intenta responder las preguntas, pero puede ser ayudado por los dos miembros de su equipo. Si una cuestión es algo frívola o tienen dificultades en responderla de forma razonable, se pasa a la siguiente.

Por último, el **Presidente** agradece al **Orador** su participación, resumiendo brevemente los principales puntos de su exposición, y también da las gracias a la audiencia por su atención.

➡ *Paso 3:* Este proceso entero se repite para el segundo equipo de la pareja.

➡ *Paso 4:* Sea generoso con los aplausos y los elogios, tanto al final de las presentaciones de los equipos como al final de los dos discursos principales.

➡ *Paso 5:* Llame a la siguiente pareja y repita el proceso descrito anteriormente. Continúe hasta que todos los equipos hayan hecho sus presentaciones. Es una situación de competición, y aunque todos deben ser elogiados, es posible que desee designar a los ganadores y a los sub-campeones, y si quiere también al mejor **Presidente**, **Orador**, e **Interrogador**, dándoles pequeños premios. Consulte el **Anexo 4** (pág. 98) sobre el rol del jurado. Si es posible puede invitar a un colega o al jefe de estudios para que sean parte del jurado.

NIVEL III

Sesión 1: **La radio escolar entrevista a un personaje importante**
Sesión 2: **No podría estar más en desacuerdo**
Sesión 3: **Todo depende…**
Sesión 4: **Mastermind junior**
Sesión 5: **¡Vótame!**
Sesión 6: **La máquina de las ideas**
Sesión 7: **¡Tan solo dispongo de un minuto!**
Sesión 8: **Preparando una conferencia de prensa**
Sesión 9: **Dar una conferencia de prensa**
Sesión 10: **El periódico escolar, edición rápida**
Sesión 11: **Poesía dramatizada**
Sesión 12: **Una competición: Leer poesía**

Sesión 1: **LA RADIO ESCOLAR ENTREVISTA A UN PERSONAJE IMPORTANTE**

Objetivos de aprendizaje

- Crear y responder preguntas en una entrevista.
- Inventarse nuevas preguntas basadas en las respuestas recibidas.

Preparación y organización

Hay formas muy variadas de organizar esta actividad. La guía que doy a continuación se apoya en la base de que la clase se tiene que dividir en un número par de grupos de tres a cinco niños. Distribuya las sillas en dos conjuntos, uno enfrente del otro, con mesas, si es posible, para los entrevistadores.

Guía de la actividad

➡ *Paso 1:* Un VIP (*Very Important Person*) viene a visitar la escuela junto con sus amigos/asistentes, y será entrevistado por un equipo de la radio escolar. Una a los grupos por parejas. En cada pareja un grupo representará a los visitantes VIP y otro a los entrevistadores de la radio escolar.

Hablad sobre quiénes serán los VIP y escriba en la pizarra una larga lista de sugerencias. Elimine los personajes que ya hayan representado en ocasiones previas.

Algunos ejemplos pueden ser: el presidente del Gobierno, un deportista famoso, un campeón olímpico, una estrella del pop o un actor famoso, el presidente de Estados Unidos, un líder religioso importante que los niños conozcan, un explorador que haya alcanzado hace poco la cima del Everest, etc.

Asigne un VIP a cada pareja, e identifique qué grupo será la parte VIP y qué grupo serán los entrevistadores escolares.

➡ *Paso 2:* Independientemente, y sin ser escuchados por los otros, cada grupo de entrevistadores tiene que inventarse unas cuantas preguntas interesantes para los personajes VIP, tomando notas cortas para acordarse de ellas. Todos los integrantes del grupo tienen que compartir todas las preguntas.

Cada grupo VIP debe intentar anticiparse pensando en las preguntas que les pueden hacer, y en cómo las responderían. También deben decidir quién de ellos va a ser el VIP, si bien cualquier miembro del grupo puede contribuir a la entrevista respondiendo a las preguntas planteadas por los entrevistadores.

➡ *Paso 3*: Comente brevemente con la clase cómo puede empezar y terminar el proceso de la entrevista, escribiendo en la pizarra unas cuantas frases que ayuden a ambos grupos. Por ejemplo:

Escuela: *Buenos días desde la radio de nuestra escuela. Estamos hoy felices de poder dar la bienvenida a un visitante especial que ha venido a nuestra escuela, el Sr/Sra YYY, que es un conocido……, etc. Bienvenido, Sr/Sra YYY.*

Sr/Sra YYY, ¿Cuál es su opinión sobre este asunto xxxx que tanto está interesando a la opinión pública actualmente?

VIP: *Gracias por su caluroso recibimiento. Estamos encantados de poder estar hoy aquí con vosotros. Según mis últimas informaciones sobre el tema que nos ocupa ……..*

Y al final:

Escuela: *Y así concluye nuestra entrevista para la radio escolar, agradecemos a nuestros visitantes que nos hayan podido atender y que hayan respondido a nuestras preguntas.*

VIP: *Gracias a vosotros por invitarnos. Ha sido un placer.*

➡ *Paso 4*: Pida a las parejas del grupo que por turno se pongan delante de la clase para llevar a cabo las entrevistas. Aplaudan al final de cada sesión, y destaque a la clase los gestos particularmente buenos en las interpretaciones que han visto, para que puedan servir de ayuda al siguiente grupo.

Seguimiento

Comente brevemente qué grupos lo hicieron mejor y por qué, y destaque lo importante que es escuchar con atención para poder responder las preguntas que se realizan, de forma que se puedan adaptar las preguntas de seguimiento, según sea necesario.

Sesión 2: NO PODRÍA ESTAR MÁS EN DESACUERDO

Objetivos de aprendizaje

- Ser capaz de discrepar, argumentando razones simples y convincentes.
- Estar preparado para ser persuadido cuando los argumentos son buenos.

Preparación y organización

Divida la clase en un número par de grupos de tres a cinco niños. Preparen los argumentos requeridos por anticipado. También se requiere un espacio amplio donde todos los niños puedan permanecer de pie.

Guía de la actividad

➡ *Paso 1:* Empiece por escribir en la pizarra varias afirmaciones simples, con las que sea fácil estar en desacuerdo. Por ejemplo:

- "Se debería permitir que los niños dejaran la escuela a la edad de 11 años".
- "Comer solo chocolate te hará sentir más sano".
- "No es necesario hacer ejercicio".

Escoja una de ellas y pídale a un alumno que piense una razón por la que está en desacuerdo con ella, diciendo: "No podría estar más en desacuerdo porque…".

➡ *Paso 2:* Escoja otra afirmación, y pídale a un grupo de niños que se pongan en pie. Cada niño debe dar una razón diferente de por qué está en desacuerdo con ese argumento. Repítalo con cada grupo de la clase, usando cada vez una afirmación distinta.

➡ *Paso 3:* Escriba en la pizarra una propuesta; por ejemplo:

- "La televisión debería estar prohibida".
- "Los futbolistas ganan demasiado dinero".
- "Los animales no deberían estar en los zoológicos".

Designe a la mitad de los grupos para que piensen durante cinco minutos en razones de apoyo a esa propuesta, y la otra mitad en razones en contra de la misma propuesta.

➡ *Paso 4*: Seleccione dos grupos para que salgan a la pizarra y se sitúen uno frente a otro, de forma que quede a la izquierda el grupo que apoya la propuesta, y a la derecha el grupo que se opone a ella. El resto de la clase permanece de pie en medio de ambos grupos.

Usted, dirigiéndose a los que están en medio, les pide que *los que estén de acuerdo* con la propuesta se coloquen al lado izquierdo de la clase, y *los que estén en contra* al lado derecho. Los indecisos se deben quedar donde están.

El primer niño del grupo de la izquierda da una razón a favor de la propuesta, y el primer niño de la derecha responde con una razón en contra. Pida al resto de la clase que se mueva a la izquierda o la derecha dependiendo de si les han convencido uno u otro grupo. Repita con todos los demás niños de los dos grupos. Gana el equipo que tenga más niños en su lado.

➡ *Paso 5*: Repita la actividad usando una afirmación diferente, y designando a varios grupos para que den sus razones a favor o en contra de la propuesta. Cada vez que lo hagan, anime a los niños que estén en el centro del espacio a moverse según les hayan convencido, con independencia de sus convicciones iniciales.

Seguimiento

Pregunte a los niños de forma individual por qué cambiaron de lado, y continúe explicándoles que es de sabios escuchar todos los argumentos a favor y en contra de algo, antes de alcanzar una conclusión.

Sesión 3: **TODO DEPENDE...**

Objetivos de aprendizaje

- Desempeñar el papel de parte interesada en un asunto de interés común.
- Generar ideas para apoyar un punto de vista en particular.

- Reconocer la importancia de entender los puntos de vista de otras personas.

Preparación y organización

Divida la clase en equipos de máximo seis niños, dependiendo del número de los diferentes papeles que pueda asignar, según sea el asunto elegido.

Guía de la actividad

➡ *Paso 1*: Con este ejercicio se da a la clase la oportunidad de considerar los diferentes puntos de vista de grupos variados de interés en un asunto en particular. Escoja un tema acorde a la edad de los niños y que refleje un asunto local de importancia, ya sea dentro de la escuela o fuera de ella.

Puede utilizar algunas de las sugerencias del **Anexo 3** (págs. 96-97), pero hay muchas otras que pueden referirse a temas sensibles, como zonas libres de tráfico, centros comerciales fuera de la ciudad, reciclaje obligatorio, comida saludable o discotecas nocturnas.

Una vez escogido el tema, identifique los grupos principales de interés. Para discotecas nocturnas, por ejemplo, pueden ser los adolescentes, los padres, los residentes locales, la policía y el servicio sanitario; para zonas libres de tráfico, los propietarios o empleados de tiendas o comercios, gente mayor, trabajadores sin coches, padres con niños, y controladores de aparcamiento.

➡ *Paso 2*: Atribuya un grupo de interés a cada equipo, que deberá discutir el asunto desde su punto de vista, tomando notas de lo que piensan. Deles suficiente tiempo para esto.

➡ *Paso 3*: Llame a un miembro de cada equipo para que realice un discurso corto describiendo el punto de vista de su equipo. De momento no se hacen preguntas.

➡ *Paso 4*: Invite a cualquier equipo a que haga preguntas o que exponga su punto de vista, animando cualquier intercambio de opinión libre y extenso.

➡ *Paso 5*: Concluya la sesión escribiendo en la pizarra preguntas sobre ese tema, que requieran respuestas de *Sí* o *No*. Por ejemplo:
  – ¿Deberían estar permitidas las discotecas nocturnas?
  – ¿Deberíamos crear más zonas libres de tráfico en los centros de las ciudades?

Haga una votación con toda la clase pidiéndoles a los niños que no tengan en cuenta el punto de vista de su propio equipo, sino que tienen que votar según lo que acaban de oír.

Seguimiento

Esta sesión introduce de una forma simple el principio de justicia social y la importancia de considerar los puntos de vista de otras personas cuando hay diferencias de opiniones. Ambos aspectos se pueden desarrollar de una forma productiva en variadas áreas del currículo escolar.

Sesión 4: **MASTERMIND JUNIOR**

Objetivos de aprendizaje

- Demostrar el poder que tiene un buen trabajo de equipo.
- Pensar rápidamente cuando hay que responder preguntas sobre un tema específico.

Preparación y organización

Divida la clase en equipos de tres a cinco niños, y empareje los equipos. Cree un espacio libre en el que pueda situar dos mesas enfrentadas una con otra y con suficientes sillas para cada equipo.

Prepare una lista de temas de interés o relevancia para la clase sobre los que se pueda preguntar a los equipos, en caso de que las sugerencias de los niños no sean adecuadas. Pueden referirse al ocio, a la geografía local, a las asignaturas de clase, o a ciertas áreas de interés de la escuela.

Puede que tenga que ajustar la duración del tiempo asignado para responder preguntas, ya que dependerá de muchos factores específicos de la clase. Puede realizar una prueba con unos cuantos alumnos, por ejemplo empezar con tres minutos, y después incrementarlo o disminuirlo para toda la clase, según vea cómo se manejan con él.

Guía de la actividad

➡ *Paso 1:* Explique las reglas del juego. El primer equipo de cada pareja (en adelante, **Equipo A**) escogerá un tema sobre el que le va a preguntar el segundo equipo (**Equipo B**), durante el tiempo que tengan asignado. El Equipo **A** recibe un punto por cada respuesta correcta, pero pueden pasar de cualquier pregunta si así lo desean.

Pueden ponerse de acuerdo antes de responder, pero si tardan mucho en hacerlo se reducirá el tiempo en el que tienen que contestar el resto de las preguntas, con la correspondiente reducción del máximo número de puntos que pueden conseguir. Después, los equipos se invierten, y el Equipo **A** realiza preguntas al Equipo **B** sobre el tema que éstos han elegido.

➡ *Paso 2:* Designe de entre los dos equipos de cada pareja cuál va a ser el primero que responderá a las preguntas (Equipo **A**) y revise los temas. Conceda un plazo de cinco minutos para que cada Equipo **A** pueda discutir las respuestas a posibles preguntas que les puedan hacer, y para que cada Equipo **B** invente las preguntas que va a formular.

Para asegurar una igualdad, puede especificar el número de preguntas que se tienen que preparar, que dependerá de la edad de los niños y del tiempo que tengan asignado para las respuestas. Si no tienen tiempo para responder a todas las preguntas preparadas, asegure la máxima puntuación posible para cada equipo. Revise todas las preguntas para asegurarse de que sean breves, razonables e interesantes, antes de proceder al siguiente paso.

➡ *Paso 3:* Escoja una pareja para que salga a la pizarra, donde el Equipo **A** responderá a las preguntas propuestas por el Equipo **B**. Como **Presidente** de la sesión, usted es el que decide cualquier cuestión sobre la operativa, pero sería conveniente que delegara el cronometraje del tiempo y el control de la puntuación a algún alumno que pueda hacerlo. Cuando el tiempo se acabe, las parejas que quedan, por turnos, siguen con el mismo sistema: cada Equipo **A** continúa respondiendo las preguntas propuestas por el Equipo **B** que sea su compañero. Anote en la pizarra las puntuaciones de todos los equipos **A**.

➡ *Paso 4:* Repita los pasos 2 y 3 pero esta vez asignando las materias a los equipos **B**. Conceda otro plazo de cinco minutos, para que el Equipo **A** se invente algunas preguntas adecuadas sobre ese tema, y para que el Equipo **B** tenga preparadas unas cuantas respuestas, según lo que ellos estimen conveniente.

Una vez más, haga salir por turno a las parejas de equipos, y esta vez las preguntas las propone el Equipo **A** y las respuestas las da el

Equipo **B**. Añada las puntuaciones de los equipos **B** en la pizarra. Gana el equipo que tenga más puntuación.

Seguimiento

Analice con los niños qué es lo que han aprendido de este ejercicio, en especial el valor que tiene un buen trabajo realizado en equipo.

Sesión 5: ¡VÓTAME!

Objetivos de aprendizaje

- Trabajar con otros para elaborar un "Programa electoral" de relevancia para la clase.
- El uso de la persuasión en un discurso como vía para convencer al electorado.

Preparación y organización

Para obtener lo mejor de esta sesión, sería útil formar los grupos el día anterior, como se indica en el paso 1, ya que esto permitirá a los equipos empezar su planificación con antelación.

Divida la clase en equipos de máximo seis niños por equipo, que serán los "partidos". Podría ser ventajoso realizar los mismos grupos que en la Sesión 3, pero los niños asignados para el papel principal tienen que ser otros distintos.

Guía de la actividad

➡ *Paso 1:* Imaginemos que se tiene que formar un nuevo consejo escolar y que la clase tiene que designar a su representante. Habrá cinco candidatos, y la clase tiene que formar un partido de cada uno de ellos, al igual que en un partido político, para promocionar a su candidato. Cada partido debe decidir:

- Quién va a ser su candidato.
- Nombre del partido y eslogan de la campaña.
- Cinco propuestas políticas como máximo, es decir, lo que el partido quiere conseguir en concreto en la escuela si llega a ser elegido.

Algunos nombres de inicio y eslóganes pueden ser: "El Partido de León, el más fuerte"; "El Partido del Centurión, luchando por los derechos del niño"; "El Partido de la Calidad, sólo lo mejor para los niños"; etc. Muchas de las políticas quizás sean infantiles e inocentes, pero puede ser divertido cuando otro partido les pregunte sobre ello, por lo que no les desanime excesivamente.

➡ *Paso 2*: Conceda tiempo suficiente al inicio de la sesión para que cada partido determine lo anterior, instruya a su candidato y le dé la oportunidad de planificar el discurso de la campaña electoral. Concédales al menos veinte minutos al final de la sesión para las campañas electorales.

➡ *Paso 3*: Los candidatos salen a la pizarra todos juntos y se sientan en una mesa detrás de unas etiquetas hechas de cartón donde constan los nombres de sus partidos. Se les da tres minutos para que presenten sus políticas y lo que harían en caso de ser elegidos. Tienen que responder preguntas de sus compañeros durante dos minutos. Al final toda la clase tiene que votar para decidir quién ha sido el más convincente; no podrán votar a su propio partido.

Seguimiento

Los principios que subyacen en esta actividad son los propios de un sistema democrático y del ejercicio del derecho a decidir quién debe gobernarnos. Esta actividad puede usarse en una gran variedad de situaciones curriculares.

Sesión 6: **LA MÁQUINA DE LAS IDEAS**

Objetivos de aprendizaje

- Clasificar argumentos a favor o en contra de una proposición.
- Generar ideas de grupo sobre un tema y ser capaz de resumirlas.

Preparación y organización

Le harán falta algunas notas autoadhesivas, al menos una por alumno, una pizarra donde se puedan pegar, y papel y lápiz para los niños.

Guía de la actividad

➡ *Paso 1*: Empiece por explicar a los alumnos cómo se generan ideas sobre un tema o una proposición. Un sistema es considerar cómo podría ser visto por diferentes conjuntos de personas. Por ejemplo si el tema es "los zoológicos", –con la propuesta de que hacen más daño que bien–, podríamos considerar este punto de vista como si fuera el de los animales del zoológico, los visitantes, las personas que trabajan en él, y los animales de la selva.

Habiendo identificado estos diferentes colectivos, podemos entonces considerar por qué se podría apoyar la idea u oponerse a ella. Por ejemplo, desde el punto de vista de los visitantes, el prohibir los zoológicos podría impedir que haya personas que puedan ver tantas criaturas fascinantes y exóticas de todas partes del mundo; algo que de otra forma nunca podrían ver.

➡ *Paso 2*: Escriba en la pizarra el tema elegido, junto a su proposición, y analice con la clase a qué grupos les podría afectar. Dibuje debajo tres columnas: la de la izquierda está "A FAVOR", la de la derecha "EN CONTRA", y en la del medio escriba "NO ESTÁN SEGUROS". Cada grupo debe pensar en todas las ideas que puedan relativas a esa propuesta, y encajarlas en la columna correspondiente. Uno de los niños, en representación de su grupo, tiene que escribirlas en un folio, en la misma disposición de tres columnas que en la pizarra.

Después de darles algo de tiempo, pida a cada niño que seleccione de entre las de su grupo la idea que le parezca más interesante o su favorita, y que la escriba en una nota adhesiva personal.

➡ *Paso 3*: Invite a un miembro del primer grupo a salir a la pizarra, leer en voz alta su idea, pegar su nota en la pizarra -en la columna de A FAVOR o EN CONTRA, o en la del medio si NO ESTÁN SEGUROS de ello-, y explicar por qué lo ha puesto ahí. Según lo vayan haciendo pregunte si alguien de otros grupos ha tenido una idea similar; si es así invítele a salir y pegar también su nota en una de las columnas.

➡ *Paso 4*: Repita el proceso con todos los grupos hasta que todos hayan participado.

Seguimiento

Subraye lo útil que es trabajar como equipo para generar ideas: juntos han llevado a cabo un simple análisis visual de los resultados para establecer qué punto de vista es el más fuerte.

Si tiene tiempo, divida el número de grupos por la mitad, asignando a cada mitad una de las posturas –*a favor* o *en contra*– y pídales que resuman las ideas clave de su postura. Facilite la labor escogiendo cada vez un niño de cada grupo para que hable, hasta que todos hayan hablado.

Sesión 7: TAN SOLO DISPONGO DE UN MINUTO

Objetivos de aprendizaje

- Pensar rápidamente.
- Hablar sin dudas y sin repetirse.

Preparación y organización

Divida la clase en grupos de cuatro o cinco niños, y cree un espacio libre en el que todo el grupo se pueda sentar, juntos, preferiblemente detrás de una mesa.

Es esencial un cronómetro, uno con el que pueda parar el tiempo cada vez que se consigue completar un reto, y volver a empezar de nuevo. A principio el tiempo lo controla usted, pero puede delegar esta función en un alumno capaz de hacerlo.

Prepare una lista de palabras que puedan servir para las conversaciones de un minuto.

Guía de la actividad

➡ *Paso 1:* Primero explique el juego. Se llama a cada grupo y se le da un tema de una palabra para que hable sobre él, durante un minuto exactamente. Tiene que escoger al miembro del grupo que empieza, quien deberá ponerse de pie y empezar a hablar sobre ese tema, de forma continua, sin dudar y sin repeticiones.

➡ *Paso 2:* Escriba las dos palabras claves en la pizarra: "DUDA" y "REPETICIÓN", y explique sus significados, preferiblemente hablando sobre el tema y deliberadamente dudando y repitiéndose a sí mismo. Haga que esta parte de la sesión sea divertida, invitando a los niños de cada grupo a retarle cuando usted haga lo mismo, poniéndose en pie cuando hagan una pregunta, al igual que los miembros del Congreso de Diputados. Resalte la necesidad de la autodisciplina para que no se planteen retos demasiado frívolos. Siga adelante cuando esté satisfecho de que se hayan entendido bien las dos palabras y el sistema para hacer los retos.

➡ *Paso 3:* Explique que si el reto ha salido bien, esa persona se sienta y el que ha retado ocupa su lugar.

➡ *Paso 4:* Vamos con una versión de prueba. Empiece un tema y permita que cualquiera de la clase le rete. Puede señalar a un presidente para que escoja qué retos se aceptan de los muchos que se pueden materializar, y cuándo son válidos.

➡ *Paso 5:* Llame al primer grupo para que salga a la pizarra. Todos los niños se sientan. El profesor anuncia el tema de una palabra al grupo, y designa a un niño, que, a su señal, se levantará y empezará a hablar. Es una competición interna del grupo, por lo que el reto sólo puede venir de otro miembro del mismo grupo. Como presidente del evento, usted decide la validez de cualquier reto, y organiza la actividad de forma general.

Gana el niño que consiga hablar durante todo un minuto. Repita el proceso con los otros grupos y con nuevas palabras de inicio, de forma que en cada grupo solamente haya un ganador. Entonces puede, si desea, hacer un desempate entre todos los ganadores, para designar a un campeón de la clase.

Seguimiento

Algunas clases se entusiasman mucho con esta actividad, en cuyo caso puede repetirlo en otra ocasión, donde sean los niños los que hagan el papel de presidente y de controlador del tiempo. También puede recompensar a cada individuo con un punto, si lo ha hecho bien, y deducir un punto si no lo ha hecho bien.

Sesión 8: PREPARANDO UNA CONFERENCIA DE PRENSA

Objetivo de aprendizaje

- Aprender a buscar, documentarse y preparar nuevos asuntos para una conferencia de prensa siendo parte integrante de un equipo.

Preparación y organización

Decida los grupos de interés que actuarán como base de la conferencia de prensa, por ejemplo, deportes, ocio, cocina, viajes, entretenimiento, logros escolares, moda, noticias locales, etc. Divida la clase en equipos de reporteros de tres a cinco niños, dependiendo del número de grupos de interés elegidos, repartiendo uno a cada equipo. Designe un niño en cada equipo para que sea el jefe de los reporteros.

Guía de la actividad

➡ *Paso 1:* Explique que hoy van a preparar la presentación de una conferencia de prensa que tendrá lugar en la próxima sesión. Cada equipo de reporteros resumirá brevemente una parte de las noticias, y un miembro del equipo estará a cargo como jefe de los reporteros.

Anote en la pizarra una lista de los grupos de noticias y dialogue brevemente con los niños qué conjunto de artículos pueden asociarse con cada uno, ilustrándolo con ejemplos actuales reales. Reparta los grupos de noticias a los equipos, y anuncie el nombre de los jefes reporteros.

➡ *Paso 2:* Bajo la dirección de sus jefes, cada equipo tiene que discutir las posibles noticias que pueden incluir en su resumen. Pueden ser reales o imaginarias, pero deben ser suficientes en número para que cada uno de los miembros del equipo pueda hablar al menos sobre una de ellas. Circule entre los niños y ayúdeles cuando sea necesario.

➡ *Paso 3:* Todos los reporteros preparan sus artículos y los ponen por escrito, ya sea en forma de nota o con un formato más largo. Dependiendo de la edad de los niños y otros factores, puede que tenga que asesorarles sobre la longitud de cada contribución, por ejemplo, entre cuatro y ocho frases.

Anime a los niños a buscar información relevante dentro de la clase, de la escuela, del material impreso, de páginas web, o incluso de usted, el profesor. Esto puede añadir interés a sus reportajes.

➡ *Paso 4:* Cada jefe reportero es el responsable de dar ayuda y ánimo al resto del equipo, y finalmente de agrupar todos los reportajes y acordar el orden en el que van a ser presentados. Entonces, el equipo tiene que ensayar todo el resumen: el jefe de reporteros anuncia el nombre de los grupos de noticias al inicio, y presenta a cada periodista antes de que hable.

Al finalizar el tiempo de la sesión informativa, el jefe de reporteros anima a que se hagan preguntas. Los equipos pueden ir anotando todo para recordarlo en la siguiente sesión.

Seguimiento

Ya que la presentación va a tener lugar en la siguiente clase, sería conveniente recoger todos los reportajes escritos para que se conserven de forma segura.

Sesión 9: **DAR UNA CONFERENCIA DE PRENSA**

Objetivos de aprendizaje

- Dar una conferencia de prensa como parte de un equipo.
- Ser capaz de responder a las preguntas formuladas.

Preparación y organización

Prepare una mesa al frente de la clase con suficientes sillas para todos los miembros de cada equipo.

Guía de la actividad

➡ *Paso 1:* Esta actividad continúa la última sesión, en la que los equipos de reporteros ensayaron y prepararon las conferencias de prensa sobre determinadas áreas de noticias. Déjeles al principio unos cuantos minutos para ensayar las presentaciones en sus equipos.

➡ *Paso 2:* Llame al primer equipo para que salga a la pizarra, y permítales que presenten sus noticias al resto de la clase. Al final el jefe reportero deberá preguntar si hay alguna pregunta, y llamará al miembro de su equipo que la va a responder.

➡ *Paso 3:* Termine la exposición en un punto apropiado, y llame a los otros equipos para que hagan lo mismo, hasta que todo el proceso se haya completado.

Seguimiento

Revise las presentaciones, preguntando a la clase cuáles creen que fueron particularmente buenas, y por qué. Examine también de forma crítica la calidad de las preguntas que se hicieron:

– ¿Fueron importantes o relevantes a lo que se había expuesto?
– ¿Se respondieron algunas en la propia exposición?

Este material se desarrolla de una forma más continua en la siguiente sesión, y una vez más debería ser conveniente que guardaran todos los artículos escritos para que no se pierdan.

Sesión 10: EL PERIÓDICO ESCOLAR, EDICIÓN RÁPIDA

Objetivo de aprendizaje

- Crear un periódico de la clase, usando las noticias y los grupos ya existentes.

Preparación y organización

Recupere el material que los niños prepararon en la conferencia de prensa.

Elija el método que prefiera para que puedan crear rápidamente y de forma fácil una copia del noticiero, que contenga todos los artículos y puedan exponerlos para que todos los vean. Lo mejor es que sea un método simple y que no requiera tecnología, pero se puede ser utilizar un enfoque más sofisticado si es apropiado a la edad y la experiencia de la clase.

Los niños necesitarán material de escritura y de dibujo, folios de papel de varios tamaños y pegamento. Hacen falta piezas de papel más grandes y de más gramaje, para representar las hojas del periódico, si es posible hojas de doble tamaño, donde los niños puedan pegar sus contribuciones.

Reserve un espacio para colgar las hojas con las noticias.

Guía de la actividad

➡ *Paso 1:* Use los mismos equipos y jefes de reporteros que usó en la conferencia de prensa. Explique la tarea: trabajar rápido y crear un periódico antes del final de la sesión.

Primero pida a los miembros de cada equipo que reescriban sus informes con esmero en hojas de papel, dependiendo de la longitud del artículo y del tamaño de su escritura. Debería además comprobar que eligen las hojas de papel adecuadas.

➡ **Paso 2:** Según vayan terminando, levantan la mano para que usted les dé su aprobación y añada su nombre al final. Mientras que esperan a que todos terminen, pueden embellecer el reportaje y añadir alguna decoración adecuada o ilustraciones, para reforzar su apariencia visual.

➡ **Paso 3:** Cuando un equipo tenga aprobados sus informes, el jefe de reporteros pide una hoja en blanco de noticias (o dos si es necesario), y realiza la cabecera con el título del grupo de noticias, por ejemplo, ocio, viajes, deportes, etc., seguido por la lista de los nombres de los reporteros del equipo.

➡ **Paso 4:** Por último el equipo coloca su informe en la hoja de noticias para darle el mejor efecto visual y lo pega en su lugar, añadiendo una decoración que mejore el artículo.

Seguimiento

Llame a cada equipo para que salgan y expongan su hoja de noticias, y reciba el aplauso de la clase, colocando a continuación esa hoja en el lugar designado en la pared o la pizarra.

Comente particularmente los buenos puntos, y discuta qué es lo que aprendemos cuando hay que presentar algo para una exposición.

Los principios subyacentes a la elaboración en equipo de un periódico escolar se pueden trabajar fácilmente en otras áreas curriculares, como por ejemplo para el desarrollo de competencias en el área de Lengua Extranjera (Inglés).

Sesión 11: **POESÍA DRAMATIZADA**

Objetivo de aprendizaje

- Vincular el uso de la voz con mímica y expresiones físicas.

Preparación y organización

Divida la clase en grupos de un tamaño apropiado, no hace falta que sean todos iguales, de acuerdo con los poemas elegidos para dramatizar, asegurándose de que hay un papel para cada uno de sus miembros. Éste podrá ser actuar con mímica o leer el poema. Los poemas que sean más largos se pueden dividir.

En el **Anexo 7** (págs. 102-104), encontrará algunos poemas adecuados, si bien puede encontrar muchos otros en colecciones variadas y en libros publicados.

Seleccione un número suficiente para que pueda distribuir un poema diferente a cada grupo y asegurarse de que haya una variedad interesante.

Guía de la actividad

➡ *Paso 1:* Explique la actividad:

Cada grupo tiene un poema que representar. Algunos niños serán **Lectores** y otros serán **Actores**. Primero, el propio grupo tiene que decidir qué es lo que hace cada uno.

Todos los **Lectores** contribuirán, ya sea compartiendo los versos entre ellos, o recitando las líneas asociadas a un personaje en particular. Deben usar el poder de sus voces para dar más expresión e interés al poema.

Los **Actores** también utilizan la mímica con las diferentes partes y papeles de los personajes involucrados, usando el movimiento de sus cuerpos y las expresiones faciales para interpretar el poema y complementar a los lectores.

➡ *Paso 2:* Distribuya los poemas, procurando que coincida la longitud y la dificultad con la edad y la experiencia de los niños del grupo.

El grupo debe decidir la lista de tareas y quién va a realizar cada tarea. Circule rápidamente para comprobar que las listas se han entendido bien. Si lo prefiere, también tiene la opción de prepararlo de antemano, escribiendo los diferentes papeles requeridos para presentar y dramatizar cada poema.

➡ *Paso 3*: Es necesario contar con tiempo suficiente para que cada grupo ensaye antes de realizar sus dramatizaciones.

Seguimiento

Después de cada presentación hable sobre el significado de los poemas y sobre los incidentes narrados en ellos. Alabe las buenas actuaciones, y sugiera cómo pueden mejorarlas.

Esta actividad se vincula bien con un gran número de áreas del currículo, particularmente con la literatura y el teatro.

Sesión 12: UNA COMPETICIÓN: LEER POESÍA

Objetivo de aprendizaje

- Entender que pueden usarse diferentes tonos y estilos de voz para realizar una presentación buena e interesante, siempre dentro de una situación competitiva.

Preparación y organización

Esto es una competición de equipos para grupos que usted elija, aunque puede ser ventajoso mantener los mismos grupos que en la Sesión 11. La diferencia entre las sesiones previas y ésta es que solamente un alumno representa a cada equipo. Todos los grupos tienen el mismo poema, por lo que tendrá que pensar con cuidado en la selección que utilice, para asegurarse de que sea compatible con la edad y experiencia de toda la clase. En el **Anexo 8** (págs. 105-110), se incluyen algunos poemas adecuados, si bien puede encontrar muchos otros en colecciones variadas que ya están publicadas, de acuerdo con cualquier edad.

También tiene que decidir quién es el jurado de la competición; puede ser usted, la clase, u otro adulto, como el director de la escuela o un compañero.

Guía de la actividad

➡ ***Paso 1:*** Explique, en primer lugar, las bases de la competición: Cada grupo elige a uno de sus integrantes para leer el poema. El resto del grupo debe ayudar a su representante a ensayar el poema y a intentar mejorar su presentación.

De esta forma, consigue que los niños estén atentos a lo que han ido aprendiendo en sesiones previas, usando su voz y los gestos con el fin de captar el interés de la audiencia y para dar vida al poema y conseguir así transmitir el significado que el autor intentó darle.

➡ ***Paso 2:*** Distribuya el poema que haya elegido, y deles un tiempo suficiente a los alumnos para que lo ensayen. Pasee por la clase para aconsejarles cuando lo necesiten.

➡ ***Paso 3:*** Invite a cada uno de los representantes por turnos, a recitar todo el poema delante del grupo, seguido por un aplauso generoso.

Después de la presentación final el jurado, o usted, debe revisar las lecturas que se han hecho, destacando las mejores actuaciones.

Seguimiento

Si está participando más de una clase, se podría organizar una competición entre varias clases.

Hay unos claros vínculos de desarrollo con otras actividades literarias del currículo, en este caso incluyendo la redacción de poesía, talleres de escritura, etc.

NIVEL IV

Sesión 1: **Si yo gobernara el mundo…**
Sesión 2: **¡Bueno, genial, excelente, increíble!**
Sesión 3: **Lenguaje elegante**
Sesión 4: **¿Hay alguna pregunta?**
Sesión 5: **Cómo realizar un argumento estructurado**
Sesión 6: **Enfrentarse a los argumentos**
Sesión 7: **Tenis de réplicas**
Sesión 8: **El Tenis de resumir y de réplica**
Sesión 9: **Preparación del debate**
Sesiones 10 y 11: **Los primeros debates**
Sesión 12: **Debates avanzados**

Sesión 1: **SI YO GOBERNARA EL MUNDO...**

Objetivos de aprendizaje

- Realizar una simple proposición basada en una convicción.
- Responder con argumentos contra esa proposición.

Preparación y organización

Divida la clase en grupos de tres o cuatro niños.

Guía de la actividad

➡ *Paso 1:* Los niños deben pasar unos minutos pensando sobre qué creen que harían para mejorar el mundo si ellos lo gobernaran. Cuando hayan tenido suficiente tiempo para considerarlo, tienen que explicar a los otros niños de su grupo cuál es su idea y por qué es una buena idea.

El grupo debe decidir qué idea es la mejor para presentarla como propia.

➡ *Paso 2:* Cada grupo prepara un discurso que explica:

– Qué les gustaría hacer si gobernaran el mundo.
– Cómo lo harían (este paso puede requerir hacer trabajar su idea).
– Por qué otras personas apoyarían su idea.

Explique que todos los niños que integran el grupo deben estar preparados para presentar el discurso.

➡ *Paso 3:* Llame al primer grupo a la pizarra y escoja a uno de sus integrantes para que presente la proposición del grupo. Explique al resto de la clase que tienen que pensar en razones de por qué no es una buena idea. El niño elegido hace su presentación y después, trabajando todos como un equipo, responden a los puntos de vista contrarios que han alegado el resto de la clase. Repítalo con los demás grupos, pero reserve dos grupos al final para la siguiente etapa.

➡ *Paso 4:* Invite a los dos grupos restantes a acercarse a la pizarra. El primero hace su presentación, y al segundo se le da un minuto para que piense en las razones de por qué no están de acuerdo con su idea.

Mientras que el grupo está reflexionando, el resto de la clase debería también pensar en razones para no estar de acuerdo con la proposición.

Cuando se acabe el tiempo, el segundo grupo expone sus puntos de vista contrarios a lo que expuso el primer equipo. El resto de la clase tiene la oportunidad de formular cualquier punto de vista diferente en contra que también puede requerir una respuesta. Entonces el proceso se revierte, con el segundo grupo presentando su propuesta y el primero mostrando su disconformidad. Al final la clase entera tiene que votar al grupo cuya idea cree que les ha convencido más.

Seguimiento

Revise la actividad, prestando especial atención a los argumentos que fueron particularmente convincentes, tanto a favor como en contra de una proposición.

Sesión 2: ¡BUENO, GENIAL, EXCELENTE, INCREÍBLE!

Objetivos de aprendizaje

- Desarrollar el uso de lenguaje.
- Aprender lo que es un sinónimo.
- Cambiar palabras y el lenguaje para adecuarse a un propósito en particular.

Preparación de organización

Prepare la actividad por anticipado, escribiendo en la pizarra una lista de palabras conocidas, con las que toda la clase pueda pensar en sinónimos, por ejemplo, malo, escalofriante, divertido, peligroso, excitante, etc. Prepare también material de escritura.

Guía de la actividad

➡ *Paso 1*: Primero los niños trabajan de forma individual. La mitad de la clase tiene que escribir un párrafo corto sobre algo que les gusta, aportando sus razones para pensar así, y la otra mitad escribe otro párrafo corto sobre algo que no les gusta, esgrimiendo también sus razones.

Pida a un pequeño grupo de niños que salga a la pizarra y lean sus redacciones en voz alta.

➡ *Paso 2:* Elija una palabra de su lista. Invite a toda la clase que sugiera otras palabras diferentes que pueden tener el mismo significado, y apúntelas en la pizarra.

➡ *Paso 3:* Divida la clase en grupos y entregue a cada grupo una palabra diferente de su lista. Trabajando como equipo, deben inventarse tantos sinónimos como puedan, y ponerlos por escrito. Seleccione algunos grupos para que se lo cuenten al resto de la clase.

➡ *Paso 4:* Todavía en grupo, deben intentar ordenar los sinónimos desde el más extremo al menos extremo. Pregunte a la clase y escriba algunos ejemplos en la pizarra.

➡ *Paso 5:* Por último, de forma individual, todos los niños deben reconsiderar el párrafo que han construido al principio de la lección e intentar cambiar sus palabras para hacer que las frases suenen más extremas. Una vez más, escoja a algunos alumnos para que salgan a la pizarra y presenten sus nuevas composiciones.

Seguimiento

Revise la actividad e introduzca el concepto de "sinónimo" si los niños todavía no lo conocen. Recapitule el concepto al principio de la siguiente sesión.

Sesión 3: LENGUAJE ELEGANTE

Objetivo de aprendizaje

- Hablar de una forma más segura, más persuasiva, más elegante y con más fluidez.

Estas actividades introducen otros aspectos relativos al lenguaje, que pueden reforzar la calidad y el interés de cualquier presentación. Prepare una lista de emociones para utilizar en la Actividad nº 3.

Guía de las actividades

■ *Actividad 1: El juego del énfasis*

Seleccione una frase muy simple, por ejemplo: "hay cuatro manzanas rojas en la tienda". El significado de la frase puede cambiar sutilmente dependiendo de qué palabras enfatice. Pídale a un alumno que enfatice una palabra de la frase para cambiar su significado, y que el resto de los niños identifiquen el nuevo significado, por ejemplo, enfatizando "hay" en la primera frase refuerza la existencia de las manzanas.

Repita con la misma frase y diferentes niños hasta que se hayan explorado todos los sentidos que pueda tener. Realice el proceso entero con una frase nueva.

■ *Actividad 2: Contacto visual*

Pida a la mitad de la clase que se repartan por todo el aula, permaneciendo en pie, y solicite a un voluntario que salga a la pizarra. El voluntario da un corto discurso sobre cualquier tema, pero debe tener contacto visual por lo menos durante dos segundos con cada uno de los niños que están en pie. Cuando consiga contacto visual con un compañero, éste deberá sentarse. Repítalo si le parece apropiado.

■ *Actividad 3: Aquí están las emociones*

Repita brevemente la simple, pero siempre popular, actividad descrita en el Nivel I donde los niños pueden contar del 1 al 10 expresando emoción en los números. Pídales que cuenten del 1 al 10 incrementando la intensidad de una emoción, alcanzando el máximo cuando lleguen al 10, y después que cuenten hacia atrás de 10 al 1, minorando la intensidad emocional. Use una variedad de emociones, adecuadas a la edad de sus alumnos y contando con el tiempo que tenga disponible.

Seguimiento

Realice un seguimiento breve de cada actividad debatiendo por qué la idea que subyace ayuda a mejorar un discurso, y al final agrupe los tres aspectos tratados en una única demostración.

Sesión 4: ¿HAY ALGUNA PREGUNTA?

Objetivo de aprendizaje

- Aprender cómo preguntar, y cómo responder, a preguntas apropiadas.

Preparación y organización

Antes de comenzar con la Actividad nº 1 debería presentarla como una actividad de clase, en la que usted escoge una persona famosa y los niños le hacen preguntas sobre ella para adivinar quién es.

Para la Actividad 2 se necesita alguna preparación y, en vista de la novedad de que los niños pueden interrumpir al profesor, sería beneficioso si otro adulto o un profesor de apoyo pudiera unirse a la sesión y enseñarles un ejemplo de cómo defender un punto de información.

Guía de las actividades

■ *Actividad 1: Realizar preguntas*

➡ *Paso 1:* Divida a los niños en grupos de tres o cuatro. Un niño de cada grupo tiene que pensar en un personaje famoso y escribirlo en un folio, de forma que los demás no lo vean. El resto del grupo debe realizar preguntas para intentar identificar a esa persona. Sin embargo, el niño sólo puede responder *Sí* o *No*. Quien lo acierte selecciona un nuevo personaje famoso.

➡ *Paso 2:* Se repite la actividad pero esta vez los niños sólo pueden hacer un máximo de 10 preguntas. Tienen que trabajar juntos, en grupo, para seleccionar sólo las mejores.

■ *Actividad 2: Interrumpir un discurso con un punto de información*

➡ *Paso 1:* Primero prepare una disertación corta sobre un tema, preferiblemente que no sea seria, de la que la clase pueda extraer fácilmente preguntas. Puede ser un tema sin sentido como "todo el dinero se debería convertir en chocolate" o "se debería permitir que los animales también votaran". Explique que los niños pueden tratar de interrumpir su discurso en cualquier momento realizando una pregunta, pero tienen que levantarse cada vez uno y decir "quiero un punto de información". Si quiere aceptar la pregunta debería decir "acepto" o "sí, por supuesto", en cuyo caso el niño realizará la cuestión y después se sentará, tras lo que usted debe responder. De otra forma debe decir "no, gracias" o "no ahora", y el niño se debe sentar. Debería intentar responder a la mitad de las preguntas propuestas. Repita el ejercicio con un tema diferente.

➡ *Paso 2*: Cada grupo tiene que inventarse un discurso corto sobre un tema de su elección, y por turnos salir a la pizarra para explicarlo. Un miembro del grupo realiza el discurso y acepta o declina las preguntas propuestas por la clase, pero cualquier miembro del grupo puede responder a una pregunta si se aprueba.

Seguimiento

Establezca paralelismos con lo que sucede en el Congreso de los Diputados. Pregunte a sus alumnos si han visto alguna vez un debate parlamentario en la televisión y dialogue con ellos sobre lo que más ha llamado su atención.

Sesión 5: CÓMO REALIZAR UN ARGUMENTO ESTRUCTURADO

Objetivo de aprendizaje

- Cómo realizar un argumento claramente estructurado.

Preparación y organización

Prepare una lista de temas adecuados. En el **Anexo 9** (págs. 111-112), se incluyen ejemplos de temas, mociones y razones que podrían ayudarle con esta sesión. Esta actividad se centra de nuevo en el trabajo de grupo.

Guía de la actividad

➡ *Paso 1*: Explíqueles que van a aprender cómo reforzar sus argumentos y hacerlos más convincentes. Un argumento tiene dos partes principales, que siguen a la elección de un tema. Por ejemplo, imagínese que estamos hablando sobre "comida basura", y decidimos argumentar por qué la deberíamos prohibir.

1. *La moción* es un título corto para el argumento. Por ejemplo: "La comida basura debería estar prohibida".
2. *Las razones* son por qué deberíamos apoyar esta moción, por ejemplo, una razón podría ser "La comida basura contiene una gran cantidad de grasas, que pueden hacer que las personas engorden demasiado y se pongan enfermas". Otra podría ser: "Una hamburguesa grande puede contener la misma cantidad de grasa que la que una persona puede comer en todo un día".

Por debajo de estos dos titulares, escriba estas razones en la pizarra y vea si la clase puede sugerir alguna razón más para apoyar esta moción.

➡ *Paso 2:* Repita el proceso con un nuevo tema, generando una moción junto con algunas razones de apoyo.

➡ *Paso 3:* Escriba algunos temas más en la pizarra, escogiendo un argumento para cada uno, y decida una buena moción como título corto para cada uno de ellos. Distribuya una moción a cada grupo, pidiéndoles que piensen al menos en cuatro razones que la apoyen.

➡ *Paso 4:* Seleccione grupos para que salgan a la pizarra a presentar sus argumentos: el primer niño enuncia la moción y una razón que la apoye. Otro explica una segunda razón y así hasta que hayan expuesto todas sus razones a favor.

Seguimiento

Revise la actividad, destacando los buenos ejemplos. Y recapitule al principio de la siguiente sesión.

Sesión 6: **ENFRENTARSE A LOS ARGUMENTOS**

Objetivo de aprendizaje

- Construir argumentos. Responder a argumentos.

La primera actividad refuerza los dos principales *componentes de un argumento*. La segunda introduce el concepto de *refutar*. Es lo que se hace cuando respondes a los argumentos del otro lado y demuestras por qué no estás de acuerdo con ellos. Es una de las cosas que hace que un debate sea diferente a un discurso, ya que los oradores tienen que escuchar a la otra parte e intentar pensar como si fueran ellos. El objetivo de refutar es conseguir que los argumentos del otro lado parezcan menos convincentes, demostrando por qué son incorrectos, irrelevantes o simplemente de poca importancia.

Preparación y organización

Para la Actividad nº 1 será necesario preparar algunos conjuntos de cartas de argumentos. Cada argumento debe comprender tres cartas: la primera contiene una moción, y las dos siguientes una razón apoyándola. En el **Anexo 9** (págs. 111-112) se enumeran algunos ejemplos.

Para esta actividad los niños trabajan por parejas, y a cada pareja se le da una de las cartas, por lo que para treinta niños se requerirán cinco conjuntos de tres cartas.

Guía de las actividades

- *Actividad 1: Enunciar un argumento*
  - ➡ *Paso 1:* Retire las mesas o los pupitres para dejar un gran espacio en medio del aula donde se puedan congregar los niños. Divida a la clase en parejas y reparta las cartas para que cada pareja tenga un elemento de argumento. En parejas, deben resolver si lo que tienen es una moción o una razón.
  - ➡ *Paso 2:* Cada pareja tiene tres minutos para encontrar a los niños que representan los dos elementos que le faltan en su argumento y unirse a ellos como grupo de tres parejas, de forma que juntos formen un argumento simple. Para completarlo, voluntarios de cada uno de los grupos leen en voz alta sus argumentos completos, es decir, una moción y dos razones.

■ *Actividad 2: Oponerse a un argumento*

➡ *Paso 1:* Escoja uno de los grupos y escriba en la pizarra las dos partes del argumento, la moción y las razones, y explique que toda la clase va a intentar encontrar algunas buenas razones para no estar de acuerdo con ese argumento. Anímelos a que hagan sugerencias.

– "No estoy de acuerdo porque…"

Escriba las mejores razones en la pizarra. Discuta sobre otras formas de expresar disconformidad, por ejemplo:

– "Esto no es cierto porque…"
– "El problema está en que…"

➡ *Paso 2:* Repita con argumentos de otro de los grupos. Haga hincapié en que siempre hay dos posturas en un argumento: la de quienes lo proponen, y la de quienes se oponen a él.

Seguimiento

Haga una recapitulación de estos principios al inicio de la siguiente sesión.

Sesión 7: **TENIS DE RÉPLICAS**

Objetivo de aprendizaje

- Responder a argumentos. Reforzar un argumento que ha sido atacado.

Preparación y organización

Divida a la clase en equipos de tres o cuatro niños. Tenga preparada una pelota pequeña o de tenis, y disponga dos mesas delante de la pizarra, una enfrente de otra.

Guía de la actividad

➡ *Paso 1:* Escriba un tema sencillo de debate en la pizarra, por ejemplo, "perros y gatos". Discuta con la clase los posibles argumentos que pueden surgir de este tema, y exprese cada argumento como una moción. Por ejemplo:

- "Es mejor tener un perro que un gato"
- "Los gatos son mejores mascotas que un perro"
- "Perros y gatos pueden molestar a otras personas"

Convenga con los niños cuál de las mociones puede discutirse. Divida el número de grupos en dos, una mitad de los grupos prepara argumentos a la proposición, por ejemplo razones para apoyar la moción, mientras que la otra mitad prepara argumentos en contra, es decir, razones para oponerse a la moción.

➡ *Paso 2:* Salen dos grupos a la pizarra, uno de la proposición y otro de la oposición. Un niño del equipo de la proposición debe argumentar a favor de la moción, dando una razón de por qué la apoya. Ahora pasa la pelota al otro lado. Un miembro de la oposición responde a la razón dada intentando explicar por qué no es correcta, ayudándose con las notas que ha preparado el equipo, y devuelve la pelota.

El equipo de la proposición intenta devolver la pelota explicando por qué su idea original era correcta y por qué la respuesta de la oposición es errónea. La oposición tiene que responder y así continúa el proceso y la pelota en movimiento, hasta que uno de los equipos no tiene nada que decir y pierde el juego.

Los equipos se pueden consultar antes de responder, pero debería ser de forma breve, y usted como árbitro tiene que avisar a un equipo para que responda rápidamente, o perderán.

➡ *Paso 3:* Repita el proceso con otras parejas de grupos, hasta que las razones empiecen a ser repetitivas. Si algún equipo se queda sin argumentos preparados debería intentar improvisar argumentos que no haya preparado.

➡ *Paso 4:* Si todavía queda tiempo, repita de nuevo el proceso con un nuevo y contrastado tema. Después de un inicio dubitativo verá cómo los niños enseguida retoman el ritmo de lo que se requiere.

Seguimiento

Revise la actividad, particularmente cuando los equipos han adaptado sus respuestas despues de haber tenido en cuenta los puntos de vista de sus oponentes.

Sesión 8: **EL TENIS DE RESUMIR Y DE RÉPLICA**

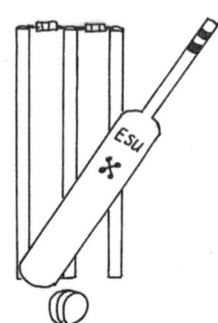

Objetivos de aprendizaje

- Desarrollar la habilidad de resumir sin preparación previa.
- Encontrar respuestas más eficaces a los argumentos.

Preparación y organización

Debe formar un número par de grupos de cuatro o cinco niños, con un máximo de seis grupos en toda la clase.

Guía de las actividades

■ *Actividad 1: Resumir un debate*

➡ *Paso 1:* Escriba un tema en la pizarra, y póngase de acuerdo con la clase sobre una moción adecuada para debatir. Pida a la mitad de los grupos que piense en razones de apoyo a esa moción, y la otra mitad en razones para oponerse a ella. Seleccione un grupo de cada uno de los lados para salir a la pizarra. El grupo de la proposición debe expresar su primera razón, y el grupo de la oposición debe responder. El grupo de la proposición entonces debe responder al ataque de la oposición, a lo que el grupo de la oposición responde, y así una y otra vez, de forma parecida a la réplica del tenis.

Pida un voluntario para que resuma lo que se ha dicho. Repita todo el proceso si es apropiado, invitando a otra pareja para presentar sus razones, y un niño diferente que lo resuma.

➡ *Paso 2:* Ahora pida a todos los grupos que intenten resumir el intercambio de una forma que haga parecer que su lado es el más fuerte. Después de darles un tiempo para prepararlo, busque voluntarios de cada grupo para que expongan sus resúmenes. Comente.

■ *Actividad 2: El Tenis de réplica*

➡ *Paso 1:* Con los mismos grupos de la actividad interior, escriba un nuevo tema en la pizarra, encuentre una moción adecuada, y una vez más divida a la clase para que una mitad prepare razones de apoyo y la otra mitad de la clase razones en contra.

➡ *Paso 2*: Invite a un grupo de cada uno de los lados a que salgan a la pizarra. Seleccione un lado, los que están a favor de la moción, para que lancen la pelota y el otro lado, la oposición para que la batee. Un niño de cada grupo da un paso adelante y ambos se colocan uno frente a otro. El que lanza la pelota anuncia la primera razón (previamente preparada por su grupo), y el bateador responde lo mejor que puede. Según lo buena que sea su respuesta, usted, como árbitro, (con o sin la participación de la clase), recompensa con una, dos, cuatro, o seis carreras.

Otra pareja toma su lugar y se repite el proceso hasta que todo el grupo de los lanzadores ha tenido ya un turno. Entonces los equipos se invierten y el equipo de la oposición lanza la pelota y el de la proposición batea.

Repita lo trabajado con los grupos que quedan, animando a que nuevos lanzadores y bateadores eviten dar razones ya repetidas. Gana el equipo que tenga más puntuación.

Seguimiento

Revise las dos actividades, identificando cualquier aspecto del proceso que requiera una mayor clarificación antes de proceder a la siguiente sesión, donde se empieza la preparación para un gran debate.

Sesión 9: **PREPARACIÓN DEL DEBATE**

Objetivos de aprendizaje

- Aprender cómo preparar un debate.
- Empezar a preparar el debate.

Preparación y organización

Primero debe familiarizarse completamente con las notas de las sesiones anteriores sobre cómo están estructurados los debates. Le hará falta material de escritura y copiar los esquemas de estructura de fichas-guía del **Anexo 10** (pág. 113-117), que le ayudará con los roles.

También deberá escoger varios temas adecuados para el debate, aproximadamente cuatro para una clase de 28 a 30 niños, y después repartir cada tema con una afirmación de moción.

Guía de la actividad

➡ *Paso 1:* Pregunte a la clase cuál piensan que es la diferencia entre debatir y argumentar con un familiar o amigo. Por ejemplo, en un debate cada persona habla por turno, se vota al final, y hay dos posturas claramente diferenciadas. Explíqueles que en un debate hay determinadas reglas que seguir, para asegurarse de que todos tengan oportunidad de intervenir en él.

➡ *Paso 2:* Explique, con la ayuda visual de la pizarra, cómo se organiza para cada debate y los roles de cada uno de los participantes (consulte las Sesiones 10 y 11).

➡ *Paso 3:* Anote en la pizarra las mociones elegidas, y empiece el proceso de distribuirlas a los equipos: un equipo de tres personas para la proposición y otro tipo de tres para la oposición, para cada moción. Si lo desea, puede dar directamente un rol a cada niño, o dejarles que se lo repartan entre ellos. Se tiene que elegir también un portavoz para cada moción, de forma que participen un total de siete niños en cada debate.

También necesita un cronómetro, que al principio controla el profesor hasta que pueda delegar la tarea en un alumno.

Los niños que no están en ningún equipo pueden actuar como portavoces de la audiencia, y preparar un discurso corto a favor o en contra de una moción.

➡ *Paso 4:* Los niños empiezan sus preparaciones en equipo, guiados por los esquemas de estructura (ver **Anexo 10**). El **Orador** del resumen debe prepararse prestando atención a los oradores principales, para familiarizarse con sus argumentos, y el **Portavoz** del debate debe completar la información requerida en su propia hoja de esquema. Sería útil si antes del primer debate pueden disponer de algún tiempo extra de preparación.

Seguimiento

Introduzca sus primeros debates en la siguiente sesión.

Sesión 10 y 11: **LOS PRIMEROS DEBATES**

Objetivo de aprendizaje

- Participar formalmente en el desarrollo de un debate.

Preparación y organización

Las siguientes dos sesiones se centran en introducir y desarrollar los *primeros debates competitivos* de los niños, usando el modelo básico de debate parlamentario. Esto excluye los denominados "puntos de información", que se incluyen en una versión completa parlamentaria, en la Sesión 12 de este Nivel.

En la última sesión ya se concretaron las mociones y los equipos que van a contestar, y la mayor parte de los niños ya tienen sus argumentos a favor o en contra de una particular proposición, escritos en sus esquemas de estructura. Sin embargo, en esta ocasión inicial, permítales un tiempo extra para que ensayen en grupos antes de empezar el primer debate. Si tiene tres o cuatro debates planeados para esa clase, los tendrá que dividir en más de una sesión.

Para el papel de **Portavoz** elija a los niños que muestran más confianza en sí mismos, ya que tienen que hablar más a menudo y solicitar preguntas a la audiencia. El **Orador** del resumen probablemente requiere también unas amplias habilidades para hablar y escuchar, y por ello sería conveniente que fuera un niño con un alto nivel de seguridad en sí mismo.

Este formato es muy flexible, y está previsto para asegurarse de que todos los niños tienen oportunidad de contribuir de alguna forma. Los niños que no participan en los equipos pueden preparar un discurso corto para exponer como parte de la audiencia, ya sea a favor o en contra de una preposición. El espacio de debate se debe disponer como se explica en el dibujo. También será útil un cronómetro.

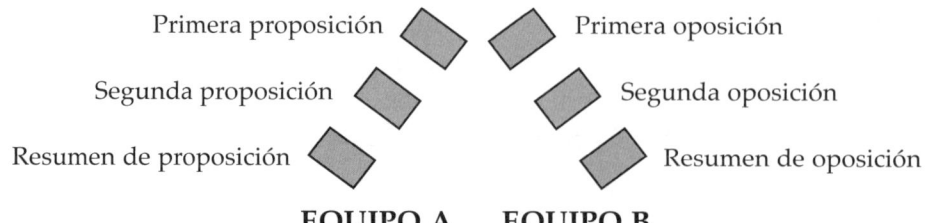

EQUIPO A   EQUIPO B

Cada debate debe durar aproximadamente 15 minutos, dependiendo de las cuestiones que se realicen, y cada presentación no debe exceder de un minuto y medio de duración. Sin embargo, en estas primeras incursiones a los debates no hay necesidad de ser rígido con los tiempos, y usted sólo debe intervenir si los discursos, las preguntas o las afirmaciones se convierten en algo demasiado largo, tedioso o repetitivo. A medida que los niños se vayan acostumbrando al formato de un debate, se podrá controlar el tiempo de forma más estricta.

Guía de la actividad

➡ *Paso 1*: El **Portavoz** está a cargo del debate. Primero da la bienvenida a la audiencia y presenta a los tres miembros de los dos equipos, empezando con el equipo de la proposición, e invita al **Orador** de la primera proposición a abrir el debate.

➡ *Paso 2*: El **Orador** de la primera proposición presenta su *moción* y las *dos primeras razones* del equipo para apoyar esa moción.

➡ *Paso 3*: El **Orador** de la primera oposición responde, primero rebatiendo –mostrando su disconformidad– los puntos concretos hechos por la persona anterior, y después dando las *primeras dos razones* de la oposición para oponerse a la moción.

➡ *Paso 4*: El **Orador** de la segunda proposición continúa rebatiendo los demás puntos de la oposición, si puede; y dando las *dos razones finales* de la proposición para apoyar la moción. Interviene ahora el **Orador** de la segunda oposición, que rebate los puntos del **Orador** anterior, y explica las *dos razones finales* de la posición para oponerse a la moción.

➡ *Paso 5*: El **Portavoz** invita al resto de los compañeros de la clase a que hagan las preguntas o comentarios que se les ocurran. Los equipos deben responderlas pero intentando incluir sus respuestas en sus discursos de resumen.

➡ *Paso 6*: El **Portavoz** invita al **Orador** del resumen de la oposición para que exponga su resumen, destacando qué miembros del equipo han hablado sobre los argumentos clave hechos por la otra parte o sobre las preguntas o comentarios aportados por la audiencia.

➡ *Paso 7*: Finalmente el **Portavoz** invita al **Orador** del resumen de la proposición para exponer su resumen, que se hará de la misma forma que el anterior.

➡ *Paso 8*: De forma opcional, se puede invitar al resto de la clase para que vote al equipo que crean que *ha hecho los discursos más persuasivos* y más convincentes de cada tema, dejando de un lado lo que realmente piensan sobre el tema y centrándose exclusivamente en la calidad del discurso.

Seguimiento

Anime a aplaudir al final de cada discurso. Para incentivar la participación de la audiencia, también puede recompensar con pequeños premios al mejor **Orador**, al mejor **Portavoz** y al mejor **Orador** del público.

Sesión 12: **DEBATES AVANZADOS**

El modelo de *debate parlamentario completo* es idéntico en todos los aspectos al modelo básico de debate expuesto en las sesiones anteriores, pero en este modelo concreto se permite que los miembros de cada equipo puedan interrumpir los discursos hechos por el otro equipo pidiendo "un punto de información". Es un requerimiento de uno de los integrantes del debate para interrumpir a un **Orador** de la otra parte que esté hablando en ese momento.

El requerimiento puede ser aceptado o rechazado de acuerdo con unas reglas concretas que veremos a continuación, pero, si se acepta, la interrupción debe ser corta. Esta extensión aumenta considerablemente el desafío al que se enfrentan los dos equipos, pero contribuye a darle un auténtico y único sabor al debate y, si es posible, debería intentar que la clase progrese hasta este siguiente paso.

Al introducir la posibilidad de estas interrupciones, se debe controlar más estrictamente el tiempo de cada discurso, que debe ser como máximo de dos minutos.

Para introducir este modelo parlamentario completo se debe decidir en primer lugar quiénes han sido los dos equipos y el **Portavoz** que han hecho el mejor trabajo en los debates básicos y que se hayan mostrado más seguros y con más confianza.

Se puede organizar un debate especial único, eligiendo una moción de interés particular para la escuela, para demostrar cómo se realiza y cómo funciona en la práctica la aportación de un punto de información. Ya que el debate se va a usar como ejemplo para otros, se puede permitir un poco de entrenamiento extra los alumnos que van a participar.

Algunas reglas simples adicionales

1. No se permiten los puntos de información mientras un orador esté dando su primera razón para apoyar u oponerse a una moción. Debe reforzarse bien esta idea.
2. Los primeros dos oradores de un equipo pueden pedir hasta dos puntos de información a los dos oradores principales del otro lado, pero no al orador del resumen. Si se realizaron dos intentos, el orador puede declinar el primero, diciendo "no gracias", pero debe responder el segundo. Si también se declina el segundo, el portavoz, es decir, en este caso el profesor, debe insistir en que dé una respuesta antes de resumir su discurso.

Cuando se acepta un "Punto de información", los oradores tienen que ser muy breves, ya que no se pueden permitir el distraerse de sus argumentos principales.

ANEXOS

Anexo 1: **Poemas** (Nivel I, Sesión 5)
Anexo 2: **Poemas** (Nivel II, Sesión 4)
Anexo 3: **Guía para escoger temas para los discursos**
(Nivel II, Sesión 10)
Anexo 4: **Fichas-Guía para el Debate y para el Jurado**
(Nivel II, Sesión 12)
Anexo 5: **Los roles en el Debate: Presidente, Orador e Interrogador**
(Nivel II, Sesión 11)
Anexo 6: **Fichas-Guía para el Presidente, el Orador y el Interrogador**
(Nivel II, Sesión 11 y 12)
Anexo 7: **Poemas** (Nivel III, Sesión 11)
Anexo 8: **Poemas** (Nivel III, Sesión 12)
Anexo 9: **Ejemplos de temas, mociones y razones** (Nivel IV, Sesión 5 y 6)
Anexo 10: **Fichas-Guía para realizar Debates** (Nivel IV, Sesión 9)

Anexo 1: **POEMAS (NIVEL I, SESIÓN 5)**

Tabla de multiplicar

Dos por una es dos;
dos por dos, cuatro;
tras de la ventana
un cielo claro.

Dos por una es dos;
dos por dos, cuatro;
cruza la ventana un pájaro.

—Silencio.
Dictado.
Las agudas se acentúan
cuando...

—No sé cuándo.

Celia Viñas

Poema del enamorado de la maestra

Usted jamás va a saberlo
y es apenas una frase:
¿cómo escribir que la quiero
en el cuaderno de clase?

Usted nunca va a enterarse.
Es ancha esta pena mía...
¿Cómo contarle mi amor
con faltas de ortografía?

Usted pondrá "insuficiente"
a su alumno enamorado,
pues por volverla a tener
voy a repetir el grado.

Elsa Bornemann

Manuela y Ayena

Requetefeliz, Manuela
se levanta de la cama
en cuanto papá la llama.
¡Le gusta mucho la escuela!

*Sale de su casa Ayena
después de desayunar.
Va a trabajar al telar.
¡Es una dura faena!*

Manuela en el cole canta,
aprende, juega a la comba...
Allí se lo pasa bomba,
y su maestra le encanta.

*La mente de Ayena vuela
mientras está haciendo nudos
con sus deditos menudos.
¡Sueña con ir a la escuela!*

Manuela regresa a casa
y ve la televisión.
Leyendo en su habitación,
el tiempo rápido pasa.

*Ayena cuando termina,
si todavía es temprano,
friega, cuida de su hermano,
ordena, limpia, cocina...*

Manuela piensa en Ayena
y decide, en un segundo,
intentar cambiar el mundo,
poner su grano de arena.

Mucha gente la acompaña,
se anima a echar una mano,
pues sabe que *grano a grano*,
se levanta una montaña.

Carmen Gil

El preguntón

Cuando alguna cosa
quiero yo saber,
a todos les pregunto:
¿por qué?, ¿por qué?, ¿por qué?

¿Por qué cambia la Luna?
¿Por qué hay un solo Sol?
¿Por qué brillan las estrellas?
¿Por qué vuela el avión?

¿Por qué miran mis ojos?
¿Por qué tengo dos manos?
¿Por qué en los piececitos
ponemos los zapatos?

Para que este mundo
pueda yo entender,
por favor, no me respondan:
"no sé, no sé, no sé".

NILDA ZAMATARO

Anexo 2: **POEMAS (NIVEL II, SESIÓN 4)**

Pegasos, lindos pegasos

Yo conocí siendo niño,
la alegría de dar vueltas
sobre un corcel colorado,
en una noche de fiesta.

En el aire polvoriento
chispeaban las candelas,
y la noche azul ardía
toda sembrada de estrellas.

¡Alegrías infantiles
que cuestan una moneda
de cobre, lindos pegasos,
caballitos de madera!

Antonio Machado

El dentista en la selva

Por la mañana
El dentista de la selva
Trabajó intensamente
Con un feroche cliente.

Era el rey de la jungla,
Era un león imponente,
Con colmillos careados
Y que le faltaba un diente.

Por la tarde
Y dijo el doctor dentista
A su enfermera reciente:

-pon el cartel en la choza,
no recibo más pacientes,
ha venido un cocodrilo
que tiene más de cien dientes.

Gloria Fuertes

El fantasma Cucufate

El fantasma Cucufate
se dio ayer un sofocón:
se manchó de chocolate
la sábana de algodón.

La metió en la lavadora,
le echó mucho detergente
y la lavó media hora
con el agua muy caliente.

Y ahora como alma en pena,
enfadado y afligido,
vaga de almena en almena:
¡la sábana le ha encogido!

Le llega por las rodillas,
igual que una camiseta,
y luce las pantorrillas
y las medias de calceta.

Tiene un enorme disgusto,
porque, de frente o de espaldas,
¿A quién va a matar de susto
un fantasma en minifalda?

CARMEN GIL

La novia

Toca la campana
de la catedral,
¡Y yo sin zapatos
yéndome a casar!

¿Dónde está mi velo,
mi vestido blanco,
mi flor de azahar?

¿Dónde mi sortija,
mi alfiler dorado,
mi lindo collar?

¡Date prisa, madre!
Toca la campana
de la catedral.

¿Dónde está mi amante?
Mi amante querido,
¿En dónde estará?

Toca la campana
de la catedral,
¡Y yo sin mi amante
yéndome a casar!

RAFAEL ALBERTI

La jirafa Rafaela

La jirafa Rafaela
usa gafas de su abuela
porque desde allá arribota
no ve ni hache ni jota.

Creyó que un enorme pino
era un jirafo muy fino
que le iba a hacer la corte;
¡vaya corte!

Que un erizo con un año
era una esponja de baño
y se lavó en bañador;
¡qué dolor!

Que la serpiente Consuelo
era un lazo para el pelo
y la llevó en la cabeza;
¡qué belleza!

Que un avestruz con sombrero
era un hermoso florero
y lo colocó de adorno;
¡qué trastorno!

Y que era Alejo el Cangrejo
un despertador muy viejo
que atrasaba con frecuencia;
¡qué paciencia!

La jirafa Rafaela
usa gafas de su abuela
porque desde allá arribota
no ve ni hache ni jota.

CARMEN GIL

Juan Manuel Vegetariano

Soy el tigre Juan Manuel
y como mucha verdura
porque cuido la silueta
y me gusta mi hermosura.

Tengo un cuero muy vistoso
y los ojos tan brillantes
que en la noche de la selva
relucen como diamantes.

Quiero trabajar en cine,
cantar en un recital.
Ser famoso en todas partes…
¡Soy el más bello animal!

Quiero salir en los diarios
y viajar en limusina,
y saludar a la gente
por detrás de las cortinas…

Ser amigo de los ciervos
y también de las gacelas.
¡Que coma carne el león,
yo prefiero las ciruelas!

Que deba firmar autógrafos,
que me saquen muchas fotos.
Todo vestido de negro
yo quiero pasear en moto…

¡Ir a pasear a la playa
y ver las olas del mar!
¡Debajo de una sombrilla
dedicarme a descansar!

Mª ALICIA ESAIN

Este Picasso es un caso

¡Qué divertido es Picasso!

Es pintor rompecabezas
que al cuerpo rompe en mil piezas
y pone el rostro en los pies.
¡Todo lo pinta al revés!

¡Este Picasso es un caso!

Es un puro disparate.
No es que te hiera o te mate,
pero en lugar de dos cejas
él te pone dos orejas.

¡Vaya caso el de Picasso!

Te deja que es una pena:
te trastoca y desordena,
te pone pies en las manos
y en vez de dedos, gusanos.

¡Si es que Picasso es un caso!

En la boca pone un ojo,
y te lo pinta de rojo.
Si se trata de un bigote,
te lo pondrá en el cogote.

¡Menudo caso es Picasso!

¿Eso es hombre o bicicleta?
¡Si es que ya nada respeta....!
Esos ojos que tú dices,
no son ojos... ¡son narices!

¿No es un caso este Picasso?

Todo lo tuerce y disloca:
las piernas, brazos y boca.
No es verdad lo que tú ves.
¡Él pinta el mundo al revés!

¡Qué Picasso es este caso!

CARLOS REVIEJO

Cómo se dibuja una bruja

Una escoba lo primero,
-sin escoba no hay brujas,
sin tinta no hay tintero-.

Va muy vestida de blanco,
no va vestida de negro,
lleva una radio de pilas,
una pluma y un plumero.

¡Bruja blanca!
No asusta ni da la lata,
porque es guapa, rubia y chata.

¡Bruja blanca!
Su nariz no es alargada
ni su trenza destrenzada.

¡Bruja blanca!
Lleva el pelo muy cortado,
muy rubito,
muy rizado.

¡Bruja blanca!
No es bizca -dulce mirada-,
-es un cruce bruja y hada-.

¡Bruja blanca!
Sólo usa sus poderes
para que hagáis los "deberes".

Sólo usa sus talentos,
para poneros contentos.

Viste pantalón vaquero
y en el palo de su escoba
hay un letrero:

Bruja blanca voy en vuelo.
A quien me quiera le quiero.

GLORIA FUERTES

Anexo 3: GUÍA PARA ESCOGER TEMAS PARA LOS DISCURSOS (NIVEL II, SESIÓN 10)

Emplee en lo posible las propias sugerencias de los alumnos aunque como profesor, puede ser selectivo y añadir algunos temas propios a la lista final.

Los temas pueden defender un particular punto de vista de un asunto o, por el contrario, atacarlo. Ante temas tan variados, los que escuchan pueden estar de acuerdo o en desacuerdo. Algunos ejemplos pueden ser:

- ✓ No deberíamos tener animales como mascotas.
- ✓ Las escuelas pequeñas funcionan mejor que las grandes.
- ✓ Mi país es el mejor país del mundo.
- ✓ Se debería remunerar el trabajo de los niños.
- ✓ Los videojuegos no son buenos.
- ✓ Se debería castigar a las personas que arrojan basura.
- ✓ Se debería permitir que los padres pudieran elegir el sexo de sus hijos.
- ✓ El tabaco debería estar siempre prohibido.
- ✓ Todos los ciclistas y motoristas deben llevar siempre casco por ley.
- ✓ El mejor deporte es el fútbol.
- ✓ Los niños deberían aprender otro idioma aparte del suyo propio.
- ✓ Se deberían cerrar todos los zoológicos.
- ✓ Los almuerzos escolares deberían consistir solamente en comida saludable.
- ✓ Los alumnos deberían poder elegir las lecciones que quieren aprender.
- ✓ Las vacaciones de verano deberían ser más largas.
- ✓ Se debería permitir que los niños voten en las elecciones al parlamento.
- ✓ Los deberes deberían estar prohibidos.
- ✓ Los niños y las niñas deberían estar en escuelas diferentes.
- ✓ Los niños deberían participar en más deportes y actividades al exterior.
- ✓ Deberíamos ir de vacaciones a nuestro país, y no al extranjero.
- ✓ La televisión puede ser una mala influencia.

Anexos

✓ Deberíamos reciclar más.
✓ Las lecciones de arte, teatro y música son tan importantes como matemáticas o lengua.
✓ Los niños no deberían llevar uniforme escolar.
✓ Cualquier cosa que hagan los niños, las niñas también pueden realizarla de la misma forma.

Intente conseguir un amplio espectro de asuntos para la distribución final de temas a los equipos.

Agrupar los temas también puede ser útil a hora de emparejar los equipos para la competición, para asegurar el suficiente contraste en los temas presentados. Una manera de hacerlo es agrupar todos los temas que hayan aportado los alumnos, y después asignarlos a los grupos de forma proporcional, por ejemplo:

- Escuela.
- Aficiones.
- Temas sociales.
- Juegos o deportes.
- Familia.
- Nacional.
- Internacional.
- Medio ambiente.

> *Anexo 4:* **FICHAS-GUÍA PARA EL DEBATE Y PARA EL JURADO (NIVEL II, SESIÓN 12)**

Guía para el Debate

Los equipos se presentan por parejas, con el **Interrogador** haciendo preguntas al otro equipo. Esto significa que las parejas deben decidirse por adelantado, de forma que cada **Interrogador** pueda preparar sus preguntas sobre ese tema. Se tienen que colocar dos mesas, cada una con tres sillas, delante de la pizarra, preferiblemente en forma de **V**. El **Presidente** toma asiento en la silla del medio, y los niños se ponen en pie cuando hablan.

El profesor debe controlar todos los aspectos del Debate, especialmente durante el período de preguntas. Limite el número de preguntas de otros niños, y si empiezan a ser repetitivas, tontas, o demasiado difíciles para su edad, descártelas y avance a la siguiente. Haga lo mismo si a un **Orador** le cuesta responder alguna.

Se valora muy positivamente la ayuda mutua, pero vigile que no se alargue demasiado el proceso consultivo. El objetivo es animar a que evolucionen, y que sepan afrontar las dificultades cuando surgen, sin hacer que algún miembro del equipo se sienta inseguro o cohibido.

Guía para el Jurado

Usted estará ocupado controlando los procedimientos, por lo que lo mejor sería que recabara ayuda de otros para que valoren las actuaciones de los equipos, por ejemplo el jefe de estudios. Puede ser una tarea intensa, y es mejor que tenga más de una persona de jurado si es posible, y que se tomen un descanso al final para reflexionar sobre sus decisiones.

En esta primera etapa se debería juzgar con un criterio lo suficientemente justo. Se valora de forma individual a cada uno de los tres miembros de cada equipo, según hayan desempeñado sus cargos (ver **Anexo 5**). Se puede puntuar a cada uno de ellos del 1 al 10, para que en total la valoración del equipo pueda llegar a 30 puntos.

Como mínimo elija un equipo campeón y otro subcampeón. Si así lo desea, también puede elegir: *el mejor Presidente, el mejor Orador* y *el mejor Interrogador*. A todos se les premia con una pequeña recompensa. En esta etapa no se necesita ser muy rígido con los criterios. Ya deben estar claros los papeles respectivos de cada miembro del equipo. Es conveniente que todos los alumnos resulten premiados por uno u otro motivo.

Anexo 5: LOS ROLES EN EL DEBATE: PRESIDENTE, ORADOR E INTERROGADOR (NIVEL II, SESIÓN 11)

PRESIDENTE	• Es la persona que está al cargo; el anfitrión; se asegura que se realice bien el evento de principio a fin. • Presenta a los miembros de su equipo de una forma interesante, y anuncia el tema que van a tratar. Invita al orador a que realice su trabajo, y después al interrogador a que plantee las preguntas. • También pregunta si hay alguna cuestión que quiera plantear la audiencia. Resume los principales puntos que se han realizado, y cierra el procedimiento agradeciendo a los participantes y a la audiencia el haberles escuchado. • Por lo general evita leer las notas, e involucra a la audiencia a través del movimiento y del contacto visual.
ORADOR	• Presenta los principales argumentos, mediante cuatro o cinco puntos clave que consistan en algo más que simples frases. • Se refiere a las notas cuando es necesario, pero evita leerlas textualmente. • Habla en voz alta, con voz firme y clara. • Interactúa con la audiencia a través del movimiento de su cabeza, del contacto visual y de los gestos de las manos, según sea apropiado. • Está preparado para responder a las preguntas de forma espontánea, consultando brevemente a otros miembros del equipo si fuera necesaria su ayuda.
INTERROGADOR	• Está parcialmente de cara a la audiencia, igual que el orador. • Escucha atentamente el discurso, modificando, si fuera necesario, las cuestiones que ha preparado para el orador, e improvisando nuevas preguntas si así lo considera. • Habla alto, de forma clara y firme, refiriéndose a las notas de las preguntas, pero estando preparado para adaptarlas, como resultado de alguna respuesta recibida.

> *Anexo 6:* **FICHAS-GUÍA PARA EL PRESIDENTE, EL ORADOR Y EL INTERROGADOR (NIVEL II, SESIONES 11 Y 12)**

Estas fichas-guía, para el **Presidente**, el **Orador** y el **Interrogador**, ofrecen sencillos esquemas de cómo realizar presentaciones en público. Serán muy útiles, al menos en las primeras ocasiones, para que los equipos aprendan detalles sobre su actuación en presentaciones y debates. Ayudarán a guiar a los niños a través de los pasos formales necesarios, dándoles también unos puntos básicos para sus notas.

PRESIDENTE
Permanece en pie cada vez que habla, de cara a la audiencia

Bienvenidos a nuestra presentación pública.
 	
    Mi nombre es ……………………… y soy el presidente del equipo.
 	
    Nuestro tema de hoy es ……………………………………………
 	
    Nuestro **Orador** es …………………… *(presenta en pocas palabras al Orador)*.
 	
    Nuestro **Interrogador** es ………………………… *(presenta en pocas palabras al Interrogador)*.
 	
Y ahora invito a nuestro Orador a realizar el discurso.

Muchas gracias. Ahora invito al **Interrogador** del otro equipo a realizar sus preguntas.   ¿Hay también alguna otra pregunta?

He aquí un breve resumen de los principales puntos realizados por nuestro **Orador** *(numerarlos correlativamente: 1, 2, 3…)*
 	
    1. …………………………………………………………………………
    2. …………………………………………………………………………
    3. …………………………………………………………………………

Así concluye la presentación de nuestro equipo. Nuestro agradecimiento a nuestro Orador y al Interrogador del otro equipo *(se puede añadir algo amable sobre lo bien que lo han hecho)*. Gracias por su atención.

ORADOR
Permanece en pie, de cara a la Audiencia

Gracias, **Presidente,** por su presentación.

Nuestro tema de hoy es ....

Escribe cada punto que quieras realizar en tu discurso en uno de los siguiente apartados.

1. ....
2. ....
3. ....

Cuando hayas finalizado, el **Presidente** invitará al **Interrogador** del otro equipo a realizarte algunas preguntas.

Después se invita también a la audiencia a que realice sus preguntas.

(Recuerda que debes permanecer en pie mientras contestas a las cuestiones y siéntate solamente cuando hayas respondido todas).

INTERROGADOR
Permanece en pie, de cara a la Audiencia, *mientras que el Presidente le invita a realizar sus preguntas.*

Intenta estar de cara a la **Audiencia** y también, si puedes, al **Orador.** Siéntate solamente cuando el orador haya respondido tu última pregunta.

Escribe cada pregunta que quieras realizar en uno de los siguientes apartados.

1. ....
2. ....
3. ....

Escucha con atención al discurso del otro equipo y modifica cualquier pregunta que el Orador ya haya respondido en su discurso.

Nuestro agradecimiento a nuestro **Orador** y al **Interrogador** del otro equipo *(puedes decir algo amable sobre lo bien que lo han hecho).*

Gracias por su atención.

Anexo 7: **POEMAS (NIVEL III, SESIÓN 11)**

Mi abuela es un hada

Mi abuela Mariana,
tiene una cana,
cana canariera.

Mi abuela Mariana,
me cuenta los cuentos
siempre a su manera.

Yo la quiero mucho,
yo la quiero tanto...
Me ducha, me peina
y me lleva al campo.

Me enseña canciones,
me ayuda a estudiar,
dice poesías,
solemos jugar.

Luego por la noche
mi abuela me vela,
un cuento me cuenta
y cuando me duermo,
me apaga la vela,
Mariana mi abuela.

Mi abuela Mariana,
de paja el sombrero,
el traje de pana,
mi abuela Mariana
no parece abuela,
me parece un hada.

GLORIA FUERTES

El burro del carpintero

No quiere comer viruta
el burro del carpintero;
se está quedando delgado
y rebuzna lastimero.

No tiene trabajo
el pobre carpintero.
Ha vendido la sierra,
la lima y el plumero.

Subido en el burrito,
trotando en el sendero,
llegaron hasta el bosque
en busca de alimento.

La ardilla se asomaba,
mirando por el hueco,
y el búho les decía:
"¡Aquí estaréis contentos!"

El amo come nueces;
el burro, tronchos tiernos;
y ya, todo arreglado,
aquí termina el cuento.

GLORIA FUERTES

El primer resfriado

Me duelen los ojos,
me duele el cabello,
me duele la punta
tonta de los dedos.

Y aquí en la garganta
una hormiga corre
con cien patas largas.

Ay, mi resfriado,
chaquetas, bufandas,
leche calentita
y doce pañuelos
y catorce mantas
y estarse muy quieto
junto a la ventana.

Me duelen los ojos,
me duele la espalda,
me duele el cabello,
me duele la tonta
punta de los dedos.

CELIA VIÑAS

Un hombre sin cabeza

Un hombre sin cabeza
no puede usar sombrero.
Pero éste no es
su mayor problema.

No puede pensar,
no puede leer,
no puede cantar,
no puede comer.

No puede escuchar,
ni puede entender,
que para amar y besar
cabeza se ha de tener.

Y como tiene dos pares de ojos
mira de frente y baja la mirada
todo al mismo tiempo
y no nos enteramos.

ARMANDO JOSÉ SEQUERA

El trajín de la bruja Pandora

Es esta bruja simpática
un as de la brujería,
y además es catedrática
de magia y hechicería.

Tiene la bruja sin par
un prestigio tremebundo.
La vienen a consultar
los brujos de medio mundo.

Entre conjuro y poción,
se acerca a casa Pandora,
le limpia el polvo al salón
y pone la lavadora.

Entre hechizo y sortilegio,
zurce un camisón morado,
lleva al brujito al colegio,
compra en el súper de al lado…

Entre brebaje y ungüento,
abre una cuenta corriente,
vuelve a casa en un momento,
pone un guiso de serpiente…

La pobre se cansa mucho
de este continuo trajín.
Un día, hasta el cucurucho,
le dice al brujo Fermín:

"Se acabó este no parar.
Ya no me queda ni aliento.
El trabajo del hogar
se hará al cincuenta por ciento"

Así que, desde hace un mes,
la tarea es compartida.
Si se hace entre todos, es
mucho menos aburrida.

Carmen Gil

Cutufato y su gato

Quiso el niño Cutufato
Divertirse con un gato;
Le ató piedras al pescuezo,
Y riéndose el impío
Desde lo alto de un cerezo
Lo echó al río.

Por la noche se acostó;
Todo el mundo se durmió,
Y entró a verlo un visitante
El espectro de un amigo,
Que le dijo: ¡Hola! al instante
¡Ven conmigo!

Perdió el habla; ni un saludo
Cutufato hacerle pudo.
Tiritando y sin resuello
Se ocultó bajo la almohada;
Mas salió, de una tirada
Del cabello

Resistido estaba el chico;
Pero el otro callandico,
Con la cola haciendo un nudo
De una pierna lo amarró,
Y, ¡qué horror! casi desnudo
Lo arrastró.

Y voló con él al río,
Con un tiempo oscuro y frío,
Y colgándolo a manera
De un ramito de cereza
Lo echó al agua horrenda y fiera
De cabeza

¡Oh! ¡Qué grande se hizo el gato!
¡Qué chiquito el Cutufato!
¡Y qué caro al bribonzuelo
su barbarie le costó!
Más fue un sueño, y en el suelo
Despertó.

Rafael Pombo

Anexo 8: POEMAS (NIVEL III, SESIÓN 12)

El lagarto está llorando

El lagarto está llorando.
La lagarta está llorando.

El lagarto y la lagarta
con delantalitos blancos.

Han perdido sin querer
su anillo de desposados.

¡Ay, su anillito de plomo,
ay, su anillito plomado!

Un cielo grande y sin gente
monta en su globo a los pájaros.

El sol, capitán redondo,
lleva un chaleco de raso.

¡Miradlos qué viejos son!
¡Qué viejos son los lagartos!

¡Ay, cómo lloran y lloran!
¡Ay! ¡Ay! cómo están llorando!

FEDERICO GARCÍA LORCA

A una nariz

Érase un hombre a una nariz pegado,
érase una nariz superlativa,
érase una nariz sayón y escriba,
érase un pez espada muy barbado.

Érase un reloj de sol mal encarado,
érase un alquitara pensativa,
érase un elefante boca arriba,
era Ovidio Nasón más narizado.

Érase un espolón de una galera,
érase una pirámide de Egipto,
las doce tribus de narices era.

Érase un naricísimo infinito,
muchísima nariz, nariz tan fiera,
que en la cara de Anás fuera delito.

FRANCISCO DE QUEVEDO

Un mundo de colores

En la isla de Babul
todo es de color azul.

Allí azul es cualquier cosa.
Hasta la nariz mocosa
del rey Facundo II
es la más azul del mundo.

Azul es el chocolate,
la leche –¡qué disparate!–.
y el sol que despierta al día.
¡Menuda monotonía!

En la isla de Pintojo
el cielo es requeterrojo.

Rojas las nubes y el mar,
la tinta del calamar,
las palomas, las urracas
y las cacas de las vacas.

Si miras alrededor,
todo es del mismo color:
tan rojo como un pimiento.
¡Qué tremendo aburrimiento!

En la isla de Bolillo,
lo que ves es amarillo.

Amarillos son los barcos,
¡y hasta el agua de los charcos!
Amarillo el elefante
por detrás y por delante.

Amarillos son, también,
los seis vagones del tren
y el pingüino Ceferino.
¡Vaya sitio tan cansino!

En las islas –¡qué alboroto!–
se organiza un maremoto.
Las tres, con una gran ola,
se juntan en una sola.

En lugar tan triste y soso
ocurre un hecho asombroso:
el mundo se hace mejor
llenándose de color.

CARMEN GIL

Cuentan de un sabio
(Fragmento de *La vida es sueño*)

Cuentan de un sabio, que un día
tan pobre y mísero estaba,
que sólo se sustentaba
de unas yerbas que cogía.

«¿Habrá otro», entre sí decía,
«más pobre y triste que yo?»

Y cuando el rostro volvió,
halló la respuesta, viendo
que iba otro sabio cogiendo
las hojas que él arrojó.

Quejoso de mi fortuna
yo en este mundo vivía,
y cuando entre mí decía:
¿habrá otra persona alguna
de suerte más importuna?

Piadoso me has respondido
Pues, volviendo a mi sentido,
hallo que las penas mías,
para hacerlas tú alegrías,
las hubieras recogido.

CALDERÓN DE LA BARCA

Canción del pirata

Con diez cañones por banda,
viento en popa a toda vela,
no corta el mar, sino vuela,
un velero bergantín;

bajel pirata que llaman
por su bravura el Temido
en todo el mar conocido
del uno al otro confín.

La luna en el mar riela,
en la lona gime el viento
y alza en blando movimiento
olas de plata y azul;

y ve el capitán pirata,
cantando alegre en la popa,
Asia a un lado, al otro Europa,
Y allá a su frente Estambul:

-Navega, velero mío,
sin temor
que ni enemigo navío,
ni tormenta, ni bonanza
tu rumbo a torcer alcanza,
ni a sujetar tu valor.

Veinte presas
hemos hecho
a despecho
del inglés
y han rendido
sus pendones
cien naciones
a mis pies.

Que es mi barco mi tesoro,
que es mi Dios la libertad;
mi ley, la fuerza y el viento;
mi única patria, la mar.

Allá muevan feroz guerra
ciegos reyes
por un palmo más de tierra,
que yo tengo aquí por mío
cuanto abarca el mar bravío
a quien nadie impuso leyes.

Y no hay playa
sea cualquiera,
ni bandera
de esplendor,
que no sienta
mi derecho
y dé pecho
a mi valor

Que es mi barco mi tesoro,
que es mi Dios la libertad;
mi ley, la fuerza y el viento;
mi única patria, la mar.

A la voz de ¡barco viene!,
es de ver
cómo vira y se previene
a todo trapo a escapar:
que yo soy el rey del mar
y mi furia es de temer.

En las presas
yo divido
lo cogido
por igual:
sólo quiero
por riqueza
la belleza
sin rival.

Que es mi barco mi tesoro,
que es mi Dios la libertad;
mi ley, la fuerza y el viento;
mi única patria, la mar.

¡Sentenciado estoy a muerte!
Yo me río:
no me abandone la suerte,
y al mismo que me condena
colgaré de alguna antena
quizá en su propio navío.

Y si caigo,
¿qué es la vida?

Por perdida
ya la di
cuando el yugo
del esclavo
como un bravo sacudí.

Que es mi barco mi tesoro,
que es mi Dios la libertad;
mi ley, la fuerza y el viento;
mi única patria, la mar.

Son mi música mejor
aquilones,
el estrépito y temblor
de los cables sacudidos
del negro mar los bramidos
y el rugir de mis cañones.

Y del trueno
al son violento,
y del viento,
al rebramar,
yo me duermo
sosegado,
arrullado
por el mar.

Que es mi barco mi tesoro,
que es mi Dios la libertad;
mi ley, la fuerza y el viento;
mi única patria, la mar.

JOSÉ DE ESPRONCEDA

Sonatina

La princesa está triste... ¿Qué tendrá la princesa?
Los suspiros se escapan de su boca de fresa,
que ha perdido la risa, que ha perdido el color.

La princesa está pálida en su silla de oro,
está mudo el teclado de su clave sonoro,
y en un vaso, olvidada, se desmaya una flor.

El jardín puebla el triunfo de los pavos reales.
Parlanchina, la dueña dice cosas banales,
y vestido de rojo piruetea el bufón.

La princesa no ríe, la princesa no siente;
la princesa persigue por el cielo de Oriente,
la libélula vaga de una vaga ilusión.

¿Piensa, acaso, en el príncipe de Golconda o de China,
o en el que ha detenido su carroza argentina
para ver de sus ojos la dulzura de luz?

¿O en el rey de las islas de las rosas fragantes,
o en el que es soberano de los claros diamantes,
o en el dueño orgulloso de las perlas de Ormuz?

¡Ay!, la pobre princesa de la boca de rosa
quiere ser golondrina, quiere ser mariposa,
tener alas ligeras, bajo el cielo volar;

ir al sol por la escala luminosa de un rayo,
saludar a los lirios con los versos de mayo
o perderse en el viento sobre el trueno del mar.

Ya no quiere el palacio, ni la rueca de plata,
ni el halcón encantado, ni el bufón escarlata,
ni los cisnes unánimes en el lago de azur.

Y están tristes las flores por la flor de la corte,
los jazmines de Oriente, los nelumbos del Norte,
de Occidente las dalias y las rosas del Sur.

¡Pobrecita princesa de los ojos azules!
Está presa en sus oros, está presa en sus tules,
en la jaula de mármol del palacio real;

el palacio soberbio que vigilan los guardas,
que custodian cien negros con sus cien alabardas,
un lebrel que no duerme y un dragón colosal.

¡Oh, quién fuera hipsipila que dejó la crisálida!
(La princesa está triste. La princesa está pálida.)
¡Oh visión adorada de oro, rosa y marfil!

¡Quién volara a la tierra donde un príncipe existe,
(La princesa está pálida. La princesa está triste.)
más brillante que el alba, más hermoso que abril!

-«Calla, calla, princesa -dice el hada madrina-;
en caballo, con alas, hacia acá se encamina,
en el cinto la espada y en la mano el azor,

el feliz caballero que te adora sin verte,
y que llega de lejos, vencedor de la Muerte,
a encenderte los labios con un beso de amor».

Rubén Darío

Anexo 9: EJEMPLOS DE TEMAS, MOCIONES Y RAZONES (NIVEL IV, SESIONES 5, 6)

Tema: EL UNIFORME ESCOLAR

Moción: "Los niños deberían vestir uniforme escolar".

Razones:

1. Se ve limpio y elegante.
2. Es más fácil para que los profesores nos localicen cuando estamos en algún viaje o excursión escolar.
3. Elimina la posibilidad de que a los niños se les moleste por la ropa que llevan.
4. Significa que no tienes que pensar qué ropa debes ponerte cada día.

x x x x x x x x

Tema: DEBERES O TAREAS PARA CASA

Moción: "Deberían prohibirse los deberes".

Razones:

1. No queda tiempo para hacer nada más.
2. Algunos niños los encuentran muy estresantes.
3. No deberían ser necesarios si la escuela estuviera haciendo su trabajo.
4. Es injusto, porque a algunos niños les ayudan en casa y a otros no.

x x x x x x x x

Tema: LENGUAS EXTRANJERAS

Moción: "Deberíamos aprender en la escuela al menos una lengua extranjera".

Razones:

1. Aprender idiomas nos ayudará a conversar con personas que no hablen nuestro idioma.
2. Podría ser útil para conseguir un trabajo cuando seamos mayores.
3. Nos ayudará a entender otras culturas.
4. Es divertido ser capaz de hablar otro idioma.

Tema: MUSEOS

Moción: "Todos los museos deberían ser gratuitos".

Razones:

1. Ayudan a educar a los niños.
2. Se debe permitir su entrada a todos los niños, incluso si sus familias son pobres.
3. Nos enseñan sobre historia y cultura.
4. La educación es gratuita, por lo que los museos también deberían serlo.

x x x x x x x x

Tema: BEBIDAS ALCOHÓLICAS

Moción: "Las bebidas alcohólicas deberían estar prohibidas".

Razones:

1. Se ha demostrado que son malas para la salud.
2. Las personas se vuelven adictas y gastan todo su dinero en comprar más alcohol.
3. Los adultos borrachos son un mal ejemplo para los niños.
4. Los padres deberían gastarse el dinero en sus hijos, no en alcohol.

x x x x x x x x

Tema: ORDENADORES

Moción: "Cada niño debería tener un ordenador en la escuela".

Razones:

1. Un ordenador es muy útil para preparar muchas lecciones.
2. Los niños pueden usar Internet para mejorar su educación.
3. Es importante que los niños puedan usar ordenadores para trabajos futuros.
4. Saber utilizar un ordenador es esencial en nuestras vidas.

Anexo 10: **FICHAS-GUÍA PARA REALIZAR DEBATES (NIVEL IV, SESIÓN 9)**

Las Fichas que siguen a continuación son útiles para asegurar el desarrollo de una buena práctica en los debates y guían a los niños a través de todas las etapas de su presentación. Por eso se debe animar a los alumnos para que utilicen estas fichas, especialmente en las primeras etapas, cuando están aprendiendo a realizar debates. Las fichas que siguen son para:

- El portavoz en un debate
- El orador de la primera proposición
- El orador de la primera oposición
- El orador de la segunda proposición
- El orador de la segundo oposición
- El resumen de la oposición
- El resumen de la proposición

1. PORTAVOZ EN UN DEBATE *Permanece de pie*
Bienvenidos al debate de hoy.
Mi nombre es ………………………. y soy vuestro **Portavoz**.
El tema para el debate de hoy es ………………………………………
Ahora me gustaría presentar a los dos equipos. • Para la **Proposición**:   El orador de la primera proposición es ………………   El orador de la segunda proposición es ………………   El orador del resumen de la proposición es …………… • Para la **Oposición**:   El orador de la primera oposición es ………………   El orador de la segunda oposición es ………………   El orador del resumen de la oposición es ………………

Ahora invito al Orador de la primera proposición a abrir el debate.

El Orador de la primera proposición hace su primer discurso, seguido por el orador de la primera oposición; después habla el orador de la segunda proposición, seguido por el orador de la segunda oposición.

No es necesario presentar de nuevo a estos oradores. Si no se ponen en pie inmediatamente, avísales de que ya deben empezar.

Cuando el orador de la segunda oposición haya terminado, es de nuevo tu turno.

Ahora invito a la **Audiencia** a que realice sus preguntas o comentarios.

Ahora invito al Orador del resumen de la oposición a presentar su resumen de la oposición.

Por último, invito al Orador del resumen de la proposición a dar su resumen de la proposición.
Ahora cierra el debate.

Con esto concluye el debate.

Quisiera agradecer a los equipos su conducta y a la Audiencia sus contribuciones.
Se sienta cuando haya finalizado.

2. ORADOR DE LA PRIMERA PROPOSICIÓN
Permanece de pie y empieza presentándose a sí mismo como Orador de la primera proposición

La moción de hoy es ....

Nuestra primera razón para proponer esta moción es ....
....
Ahora explica su primera razón en detalle.

Nuestra segunda razón para proponer esta moción es ....
....
Ahora explica su segunda razón en detalle.

En conclusión, ...
Ahora recuerda las dos razones e intenta acabar con una afirmación de peso, pidiendo a la audiencia que apoyen esta moción.

Se sienta cuando ha finalizado.

3. ORADOR DE LA PRIMERA OPOSICIÓN
Permanece de pie y empieza presentándose a sí mismo como orador de la primera oposición

La moción de hoy es ……………………………………………………
Intenta explicar por qué está en desacuerdo con lo que dijo el Orador de la primera proposición. Tendrá que irlo completando durante el debate.

Mi primera razón para oponerme a esta moción es ………………
Ahora explica su primera razón en detalle.

Mi segunda razón para oponerme a esta moción es ………………
Ahora explica su segunda razón en detalle.

En conclusión, ………………………………………
Ahora recuerda las dos razones e intenta acabar con una afirmación de peso, pidiendo a la audiencia que se oponga a esta moción.

Se sienta cuando ha finalizado.

4. ORADOR DE LA SEGUNDA PROPOSICIÓN
Permanece de pie y empieza presentándose a sí mismo como orador de la segunda proposición

Intenta explicar por qué está en desacuerdo con lo que dijo el orador de la primera oposición. Tendrá que irlo completando durante el debate. Continúa con las siguientes dos razones de tu equipo para apoyar la moción.

Nuestra tercera razón para apoyar esta moción es …………………
Ahora explica su tercera razón en detalle.

Nuestra razón final para apoyar esta moción es ……………………
Ahora explica su razón final en detalle.

En conclusión, ………………………………………
Ahora recuerda las dos razones e intenta acabar con una afirmación de peso, pidiendo a la audiencia que apoyen esta moción.

Se sienta cuando ha finalizado.

5. ORADOR DE LA SEGUNDA OPOSICIÓN
Permanece de pie y empieza presentándose a sí mismo como orador de la segunda oposición

Intenta explicar por qué está en desacuerdo con lo que dijo el orador de la segunda proposición. Tendrá que irlo completando durante el debate. Continúa con las siguientes dos razones de su equipo para oponerse a la moción.

Nuestra tercera razón para oponernos a esta moción es ....
Ahora explica su tercera razón en detalle.

Nuestra razón final para oponernos a esta moción es ....
Ahora explica vuestra razón final en detalle.

En conclusión, ...
Ahora recuerda las dos razones e intenta acabar con una afirmación de peso, pidiendo a la audiencia que se oponga a esta moción.

Se sienta cuando ha finalizado.

RESUMEN DE LA OPOSICIÓN
Permanece de pie y empieza presentándose a sí mismo

Intenta responder a cualquier punto importante que haya planteado la audiencia. Tendrás que irlo completando durante el debate.
Los portavoces de la audiencia dijeron ....
Pero nosotros creemos que ....

Recuerda las principales razones de su equipo para oponerse a la moción.
Nuestras razones para pediros que os opongáis a esta moción son:
    1. ....
    2. ....
    3. ....

Explica por qué creen que las razones del otro equipo son equivocadas.
No estamos de acuerdo con el punto de vista de los portavoces de la proposición porque ....

Finalmente intenta terminar con una afirmación convincente, pidiendo a la audiencia que se oponga a la moción.
En conclusión, ...

Se sienta cuando ha finalizado.

Anexos

RESUMEN DE LA PROPOSICIÓN
Permanece de pie y empieza presentándose a sí mismo
Intenta responder a cualquier punto importante que haya planteado la audiencia. (*Recuerda que tendrás que irlo completando durante el debate*). Los portavoces de la audiencia dijeron …………………………………… Pero nosotros creemos que ………………………………………………

Ahora recuerda las principales razones de su equipo para apoyar la moción.
Nuestras razones para pediros que os opongáis a esta moción son:
    1. ………………………………………………………………………
    2. ………………………………………………………………………
    3. ………………………………………………………………………
    4. ………………………………………………………………………

Explica por qué creen que las razones del otro equipo son equivocadas. No estamos de acuerdo con el punto de vista de los portavoces de la oposición porque …………………………………………………………
Finalmente intenta terminar con una afirmación convincente, pidiendo a la audiencia que apoye la moción. En conclusión, …………………………………………………………………
Se sienta cuando ha finalizado.

COLECCIÓN
HERRAMIENTAS

Una colección de materiales de apoyo y herramientas de calidad que facilita la actividad docente y formativa del profesorado. Recursos innovadores, sugerencias creativas, iniciativas nuevas y flexibles, en un amplio repertorio de actividades para todas las áreas del currículo de Educación Primaria.

TÍTULOS PUBLICADOS:

- *Aprendemos a relajarnos. Ejercicios de relajación de 7 a 14 años.* Yves Davrou.
- *Aulas muy creativas. Ideas para motivar, mejorar las clases y evitar la rutina.* Michelle Scavo.
- *Autoestima. Para quererse más y relacionarse mejor.* Louise-Anne Beauregard, Richard Bouffard y Germain Duclos.
- *Cálculo matemático. Puzles y juegos para sumar, restar, multiplicar y dividir.* Ronit Bird.
- *Cómo ayudar a los niños a superar el estrés y la ansiedad.* Deborah M. Plummer.
- *Cómo organizar Aulas Inclusivas. Propuestas y estrategias para acoger las diferencias.* Cynthia Holzschuher.
- *Comprender y mejorar la conducta trabajando en grupo.* Cath Hunter.
- *Creación artística en Primaria. Lo importante es el "proceso", no el "resultado".* MaryAnn F. Kohl.
- *Cuentos y Teatrillos "en verde". Medioambiente, Ecología y otros Valores.* Isabel Agüera.
- *Desarrollo de competencias matemáticas con recursos lúdico-manipulativos. Para niños y niñas de 6 a 12 años.* Ángel Alsina.
- *Educando con magia. El ilusionismo como recurso didáctico.* Xuxo Ruíz.
- *Educación socioafectiva. 150 actividades para conocerse, comunicarse y aprender de los conflictos.* Daniele Novara y Elena Passerini.
- *El Atletismo en la escuela a través de la Educación Física.* Adela de Castro.
- *El Yoga en la infancia. Ejercicios para divertirse y crecer con salud y armonia.* Maurizio Morelli.
- *Eneagrama para padres y educadores. Nueve tipos de niños y cómo educarlos satisfactoriamente.* Elizabeth Wagele.
- *Enseñar a estudiar, aprender a estudiar. Técnicas de estudio.* Armanda Zenhas y otros.
- *Hablar, escuchar, debatir y argumentar. Habilidades de comunicación oral para 7-12 años.* Tony Wood.
- *Jugando al aire libre. Más de 100 ideas para disfrutar en espacios abiertos.* Christine Green.
- *Juegos divertidos en Educación Primaria. Para desarrollar la observación, la memoria, la reflexión, el ingenio...* Francine Boisvert.
- *Juegos para educación física. Desarrollo de destrezas básicas.* Adela de Castro.
- *Juegos para estimular las inteligencias múltiples.* Celso Antunes.
- *Maestras y maestros EXCELENTES en Primaria. Sugerencias y estrategias para mejorar el trabajo cotidiano en las clases* David Dunn.
- *Manual de Tutorías.* José Manuel Mañú.
- *Pequeños-Grandes Científicos. Experimentamos con el agua, el aire, los fenómenos atmosféricos, el sol, la luna y el tiempo.* Irmgard M. Burtscher.
- *Relacionarnos bien. Programa de Competencia Social para niñas y niños de 4 a 12 años.* Manuel Segura y Margarita Arcas.
- *Teatrillos de bichillos y otros animalillos.* Isabel Agüera.
- *Teatro para representar en la escuela.* Teresa Iturbe.